Loren Cunningham is with Jesus

로렌 커닝햄 (1935~2023)

Youth With a Mission(YWAM)의 설립자 로렌 커닝햄은 세계 선교의 선구자였습니다.

로렌은 역사상 처음으로 그리스도와 대명령을 위해 지구상의 모든 주권 국가, 모든 종속 국가, 100개 이상의 영토를 여행한 사람이었습니다(막 16:15).
이제 그는 낡은 여권에 하나의 "스탬프"를 더 추가했습니다.
HEAVEN!

대명령을 발전시키고 모든 사람이 성경을 접할 수 있도록 하려는 그의 헌신은 영원한 영향을 미칠 것입니다.

벼랑 끝에 서는 용기

당신이 하나님을 더 깊이 알아가고 더 널리 알리는 사람이 되는 것, 이 책에 담겨진 예수전도단의 마음입니다. 말씀을 통해 저자가 깨닫고, 원고를 통해 저희가 누릴 수 있었던 그 감동이 책을 통해 당신에게도 전해지기 원합니다. 그리고 당신을 통해 그 기쁨과 은혜가 더 많은 이들에게 계속해서 흘러가기를 기도하겠습니다. 이 책을 통해 당신이 받은 은혜를 다른 분들께도 나눠주십시오. 사랑하고 축복합니다.

The Adventure of Faith and Finances
DARING TO LIVE ON THE EDGE

Copyright © 1991 by Loren Cunningham,
Published by YWAM publishing. All rights reserved.

Korean Translation Copyright © 1993 YWAM Publishing, Korea

믿음과 재정, 끝없는 삶의 모험

벼랑 끝에 서는 용기

로렌커닝햄 지음 | 문효미 옮김

예수전도단

이번 책도

모두 식구들의 땀으로 이루어졌다.

『벼랑 끝에 서는 용기』가 나오기까지 도움을 준

데이비드 액맨, 마티 아킨, 데이비드 바렛, 앤디 비치,

제프와 자넷 벤지, 해리 콘, 워렌 B. 이튼, 루시 플라쉬,

돈 고슬린, 로드 게르하트, 필리스 그리스월드,

척 하틀, 르네 하츠너, 데이비드 하자드, 폴 롱,

윙키 프래트니, 펠리시아 퓨트남, 짐 로저스, 짐 쇼우,

스코트와 샌디 탐킨스, 윌리엄 터너, 팜 워렌 씨와

하나님이 공급하심을 믿은 이야기들을 나눈

모두에게 감사를 드린다.

저자의 글

이 책은 다른 목적과 이유로 책을 읽는 서로 다른 두 부류의 독자를 위한 책이다.

한 부류는 선교사나 전임 사역자 혹은 앞으로 사역자가 될 사람들이다. 이들은 재정에 대해 하나님을 신뢰하고 순종하며 나아가는 법을 알아야 한다. 다른 한 부류의 독자는 '세속적인' 직업을 가진 그리스도인들이다. 이들도 하나님께 순종하고 기적적인 공급에 대해서 그분을 신뢰하는 법을 배워야 한다.

서로 다른 두 부류의 독자를 대상으로 책을 쓴 것은 하나님의 일은 이 두 부류의 사람들이 서로 협력해야만 이룰 수 있는 것이기 때문이다.

이 책에는 성실하게 지역 교회를 섬기는 사람, 하나님의 일을 위해 기도하고 헌금하는 사람, 전임 선교사로 파송 받은 사람 등 세계 선교 사역의 주역들의 이야기로 가득하다. 하나님이 계획하시는 일이라는 관점에서 볼 때, 이들 한 사람 한 사람이 중요하기 때문에 한 가지 특별한 부탁을 하고 싶다. 이 책을 한 부분도 빼놓지 말고 전부 읽기 바란다.

제9장은 주로 일반 직장에서 일하는 사람들을 위한 내용이지만 9장에서 다루는 '평범한' 삶에서의 원칙들은 사역이나 선교에서도 동일하게 적

용되는 중요한 원칙이다. 마찬가지로, 11장부터 14장까지의 내용은 일반 직업을 가진 사람들이 전임 사역자들과 동역할 때 도움이 된다.

이 책에 나오는 예화들은 우리가 하나님의 공급하심을 신뢰하면서 세계 2백여 나라에서 31년간 사역하는 동안에 경험한 것들이다. 나는 세계 여러 나라의 기업 경영인, 경제계 리더, 정부 관리들과 함께한 컨퍼런스에서 이런 경험들에 근거한 재정 원칙을 나눌 때 사람들 모두가 하나님께 순종하며 벼랑 끝에 서는 도전을 받는 것을 보았다.

우리는 이 땅에서 하나님의 일을 성취하는 데 효과적으로 협력할 수 있도록 서로 배울 필요가 있다. 하나님께 순종하는 삶을 사는 것은 결코 쉽지 않다. 하지만 하나님의 음성을 듣고 순종하는 것은 처음이든 천 번째든 언제나 기쁨이 솟는 일이다. 철저한 순종에서 오는 전율을 경험하면 당신은 변화할 것이다. 이 책을 읽으면서 하나님을 따르는 발걸음을 기꺼이 내딛기를 기도한다.

하와이 코나에서
로렌 커닝햄

CONTENTS

감사의 글   5
저자의 글   6

1. 평범한 삶을 포기하기   11
2. 걱정하는 새를 보았는가?   23
3. 왜 믿음인가?   35
4. 하나님과 돈   65
5. 월 스트리트의 왕   75
6. 추락하지 않고 살아가기   93
7. 하나님의 경제학   109
8. 선교 후원과 예수님의 방법   123
9. '세상'에서 '믿음'으로 살기   145
10. 어떻게 주는가?   167
11. 돕는 손길   193
12. 헌금을 요청하기   215
13. 부요함이란   231
14. 재정이 막혀 있는 이유들   245
15. 어려움에 처할 때   275

부록 | 부를 창출하고 가난을 줄이는 법   293

01 평범한 삶을 포기하기

평범한
삶을
포기하기

나이지리아 동부에 위치한 이보Ibo 지방의 울퉁불퉁한 길을 털털거리며 차로 달리는 동안 흙먼지가 앞을 가렸다. 길을 안내하는 월터 코넬슨 씨의 불그스레한 얼굴은 땀과 흙먼지로 얼룩져 있었다. 앞으로 닷새 동안은 이 노 선교사 부부와 함께 지낼 예정이다. 정말 기다려온 사역이었다. 나는 이제 막 선교 사역을 시작한 젊은 풋내기 선교사이고, 월터 씨는 정열적인 선교사였는데 그와 함께 전도 집회를 하는 것이 부담스럽기보다는 편했다. 무엇보다 가슴 뛰는 것은 믿지 않는 이 지역 사람들 앞에서 닷새 동안 저녁 설교를 한다는 사실이었다.

"로렌, 와줘서 정말 기쁘이!" 운전을 하던 월터 씨가 고개를 돌려 말했다. 그가 말을 하는 동안에도 차는 계속 속력을 내고 있었다. 길가의 닭들이 꼬꼬댁거리며 야단스레 달아났다. "이 마을에서 넉 달 동안 하루도 빠지지 않고 저녁마다 말씀을 전했다네!" 선교사는 빙

그레 웃으며 말했다. "이제 다른 사람의 설교를 듣게 되었으니 마을 사람들이 신선한 느낌을 받겠군." 고개를 끄덕이며 막 대답을 하려는데 '뻥!' 하는 소리가 났다. 그러더니 차가 딱딱한 비포장 도로 위에서 덜덜거리며 불쾌한 소리를 냈다. 차체가 심하게 흔들렸지만 월터 씨는 운전대를 꽉 잡고 겨우 차를 세웠다. 무슨 일이 일어났는지 알 것 같았다.

문제를 확인하려고 월터 씨와 함께 차에서 내렸다. 역시 타이어가 터지는 소리는 만국 공통어였다. "맙소사! 이걸 어쩌지!" 한숨을 내쉬며 여분의 타이어가 있는지 뒤 트렁크를 열어본 월터 씨의 어깨가 또 한 번의 낭패감으로 축 늘어졌다. "왜 그러세요? 에누구Enugu에서 타이어를 새로 사면 되잖아요."

"그야 그렇지만…." 렌치와 볼트를 갖고 씨름하던 월터 씨의 목소리는 점점 기어들어 갔다. 다시 차에 앉은 뒤로 월터 씨는 말을 하지 않았다. 차는 덜덜거리며 느릿느릿 갔다. 마침내 월터 씨가 말을 꺼냈다. "사람들에게 자네를 데리고 갈 수가 없게 되었어. 실망시켜서 미안하네. 타이어를 새로 바꾸는 비용을 마련할 때까지 시간이 좀 걸릴 거야. 세금까지 45달러 정도 드는데 어떻게 해야 할지 모르겠군."

내 안에서 세미한 음성이 들려왔다. '네게 45달러가 있어.'

'네, 하지만 그 돈은 제가 가진 전부예요!' 나는 저항했다. '닷새 뒤면 아는 사람들이 있어 비교적 안심했던 이곳을 떠나 비행기를 타고

1. 평범한 삶을 포기하기   13

수단의 카툼으로 가서 이틀을 머물러야 해요. 낯선 도시에서 말입니다. 숙소도 필요하고 밥값, 교통비까지 45달러도 부족할 거예요.'

그때 문득 이런 생각이 들었다. '아버지, 어머니였다면 월터 씨에게 그 돈을 주었을 거야. 그게 가진 전부였더라도…. 아버지, 어머니가 25년 동안 하나님을 신뢰하며 다른 사람들에게 베풀었던 것을 지켜보았잖아. 하나님은 한 번도 그분들을 실망시킨 적이 없었어.'

"월터 씨, 제가 타이어를 사겠어요. 지금 사러 갑시다." 월터 씨는 사양했다. "무슨 소리! 로렌, 자네는 아직 갈 길이 멀지 않나." 하지만 나는 타이어를 살 것을 고집했고 마침내 먼지가 자욱한 길가에서 자동차 정비소를 찾아냈다. 타이어를 구입하는 데 42달러가 들었고 주머니에는 3달러가 남았지만 월터 씨 부부는 이 사실을 몰랐다.

힘은 들었지만 은혜로운 닷새간의 사역이 시작되었다. 하루하루가 놀라운 날들이었다. 복음에 관한 영화를 보여주려고 장비를 설치하기 시작하면 가는 동네마다 마치 마술처럼 사람들이 떼를 지어 수풀에서 나타났다. 어떤 날은 모인 사람들이 거의 2천 명이나 되어 화면 바로 앞까지 빽빽하게 들어차는 때도 있었다. 나는 영화 상영이 끝난 뒤에 통역의 도움을 받아 확성기를 들고 설교했다. 멋진 일이었다.

하지만 나만이 아는 운명의 토요일이 다가오고 있었다. 아직도 내 수중에는 3달러밖에 없었다. 카툼에서는 어떻게 될까? 월터 씨가 우체국에 다녀올 때면 혹시나 하고 은근히 기대했다. 하지만 내가 이곳에 있다는 것을 아는 사람이 있을까? 편지가 이곳 이보 땅까지 나를 찾아올 수 있을까? 마지막 날, 또 다른 원주민 마을로 가는 길에 한 번 더 우체국에 들렀다. 월터 씨는 우편물들을 살펴보면서 천천히 차를 세워 둔 곳으로 돌아왔다. "이것 봐, 로렌. 사람들이 이곳에 있는 당신을 용케 찾아낸 것 같군." 그는 로스앤젤레스에 사는 친구들 몇 명이 함께 보낸 편지 한 통을 건네주었다. 나는 편지를 열어 보며 침을 꿀꺽 삼켰다. 150달러였다. 그 친구들은 이전에 한번도 내게 헌금을 한 적이 없었다.

나는 하나님의 신실하심에 그렇게 놀라지 말았어야 했다. 이전에도 하나님이 기적적으로 공급하시는 것을 여러 번 경험했으니까. 그러나 정말로 벼랑 끝에 서서 필요한 돈이 어떻게 생길지 모른 채 오직 하나님만을 바라보며 살아갈 때에는 이런 하나님의 공급하심이 결코 평범하게 느껴지지 않는다. 당신이 어떤 생각을 할지 짐작할 수 있다. 아마 "물론 하나님이 그때 당신을 도우셨지만 진짜로 위험한 상황은 아니었잖소. 돈 한 푼 없이 카툼에 있었던 것은 아니니까. 돈이 생길 때까지 월터 씨 집에 머무를 수도 있었을 거요."라고 말할 수도 있다. 그렇다면 에비 머글턴과 레오나 피터슨이 경험한 일을 말해 보겠다.

에비와 레오나는 하나님이 자신들을 알바니아로 보내길 원하신다고 믿었다. 1970년대 초, 알바니아는 복음에 가장 적대적인 나라 중 하나였다. 알바니아는 1967년에 전 세계에서 처음으로 무신론 국가임을 선포했다. 알바니아는 교회와 회당, 회교 사원들을 모두 없앴으며, 하나님이 없다고 말하기를 거부하는 사람들을 산 채로 통에 가두어 바다에 던져버렸다. 에비와 레오나는 3년 동안 기도하며 계획을 세웠다. 한번은 기도하던 중에 레오나가 환상을 봤다. 관광버스와 한 여인의 얼굴, 그리고 알바니아에 있는 자신의 모습을 명확하게 보았다.

드디어 그들은 알바니아로 가는 비자를 받아 한 관광 여행팀과 합류했다. 그 팀은 서유럽에서 온 젊은이들이었으며 대부분 마르크스주의자들이었다. 에비와 레오나는 몸에 알바니아어로 된 복음서를 테이프로 감고 국경을 넘었다. 알바니아는 감시가 심했지만 사람들 눈에 띄도록 쪽복음서를 여기저기 몰래 놓아둘 수 있었다. 어느 날 알바니아인 호텔 종업원이 레오나가 묵고 있는 방으로 들어왔다. 놀랍게도 그 사람은 3년 전에 기도하다가 본 바로 그 여인이었다!

레오나는 이 여인에게 쪽 복음서를 주면서 복음을 전하려고 애썼다. 레오나는 자신이 할 수 있는 가장 간단한 말로 "마르크스, 레닌 No! 예수님 Yes!"를 외쳤다. 언어장벽이 무너졌다. 그 여자는 복음서를 간절한 마음으로 받아 가슴에 끌어안았다. 여인은 눈물을 글썽이며 "저도 그리스도인입니다!"라고 말하며 복음서를 주머니에 넣었다.

몇 시간 뒤에 레오나의 방문을 요란하게 두드리는 소리가 났다. 그리고 레오나는 희미한 불빛과 담배 연기가 자욱한 방으로 끌려갔다.

거기에는 다섯 명의 남자가 기다리고 있었다. 사내들은 레오나가 호텔 종업원에게 주었던 복음서를 앞에다 내놓았다. 레오나는 가슴이 철렁했다. 복음서를 받은 그 여인이 붙들렸음이 분명했다.

사내들은 레오나가 간첩 활동 및 반국가적 범죄를 저지른 것에 대해 심문했다. 레오나가 마음의 평화를 잃지 않고 결백을 주장하는 동안 심문관들은 점점 더 흥분했다. "협조하지 않으면 사실을 말할 때까지 여기서 내보내지 않겠다!" 그들의 우두머리가 소리를 질렀다.

또 다른 방에서는 에비가 똑같이 모진 심문을 받고 있었다. 에비와 레오나는 그렇게 이틀 밤낮으로 심문을 받았다. 아무것도 먹지 못한 채 물만 조금 마셨고 잠도 몇 시간밖에 자지 못했다. 심문관들은 계속해서 두 사람을 따로 심문했으며, 겁을 주기 위해 얼굴에 대고 비난을 퍼부었다. 그러나 레오나와 에비는 자신들에게는 죄가 없음을 차분하게 주장했다. 결국 심문관들 중에 한 사람이 레오나에게 차갑게 쏘아붙였다. "당신은 영광스런 알바니아 민주공화국의 반역자이며, 반역자들은 총살이오. 내일 아침 아홉 시에 당신을 데리러 오겠소."

그 다음 날 아침, 심문관들이 에비와 레오나를 거칠게 방에서 끌고 나갔다. 그렇지만 총살을 집행하지는 않았다. 그들은 레오나와 에비의 귀국행 비행기 표를 압수하더니 아무 설명도 없이 레오나와 에비를 국경 지역에 내던졌다.

이미 총살형에 처할 위기를 넘겼으니 크게 문제될 것이 없는 듯 보였지만, 두 사람은 계속해서 신앙을 위협하는 커다란 문제들에 부딪혔다. 둘은 무거운 여행 가방을 들고 알바니아와 유고슬라비아가 대치하고 있는 국경 지역의 인적 드문 습지대를 10킬로미터나 걸어야 했다. 그리고 1천 킬로미터나 되는 유고슬라비아의 해안선을 따라 걸어서 북이탈리아를 지나, 알프스를 넘어 스위스로 들어가서 어떻게든 로잔으로 돌아가야 했다. 돈도 거의 없고 차표도 없고 그 나라들에 대한 지식도 없고 말도 모르는데, 하나님이 자신들을 다시 로잔으로 인도하시리라고 믿을 수 있었을까?

두 사람은 믿음으로 행했다. 자신들을 총살형에서 구원하신 하나님이 고향으로 돌아갈 수 있게 도우실 것이라고 확신한 것이다.

몇 가지 작은 기적들이 일어났다. 사람이 살지 않는 곳에 거짓말처럼 택시가 나타났다. 게다가 운전자는 돈도 받지 않고 그들을 국경까지 데려다주었다. 두 사람은 거기서부터 계속해서 자동차를 얻어탈 수 있었다. 특히 유고슬라비아와 이탈리아 국경 바로 앞에 이르렀을 때 일어난 일은 정말 놀라웠다.

저녁 일곱시쯤이었다. 두 사람은 이탈리아 돈이 하나도 없었다. 이탈리아에서 밤에 남의 차를 얻어 타는 것이 안전할까? 바로 그때, 어떤 고급차가 그들 옆에 멈춰 섰다. 에비는 운전사에게 국경 너머를 가리키며 자기들이 가려는 곳을 몸으로 표현했다. 운전사는 고개를 끄덕였다. 그는 한마디 말도 없이 두 사람을 태우고 그들의 짐을 차에 싣고는 국경을 향해 빠르게 달렸다. 국경선 사이에 이르니 검문과 여권 조사를 기다리며 차들이 길게 늘어서 있는 것이 보였다. 두 사람을 태운 운전사는 속력을 내어 다른 차선으로 접어들더니 손을 살짝 흔들면서 국경을 지나 곧장 유고슬라비아를 빠져나갔다.

레오나는 궁금했다. '이 사람은 누굴까? 이렇게 간단한 손짓 한 번으로 공산국가를 빠져나가는 것을 보니 유고슬라비아의 고위 관리임이 틀림없어!' 그러나 이탈리아 국경에 이르렀을 때 그들은 더욱 놀랐다. 또다시 길게 늘어선 차들이 통관 절차를 밟기 위해 기다리고 있었다. 이번에는 운전사가 속도를 늦추거나 손을 흔들지도 않았다. 운전사는 차선 밖으로 방향을 돌려 이탈리아 땅으로 곧장 들어갔다. '대체 누굴까? 공산국가의 고위 간부라면 유고슬라비아의 검문소는 재빨리 지날 수 있겠지만 이탈리아로 들어가기 위해서는 입국 허가를 받아야 할 텐데…' 이번에도 운전사는 아무 말이 없었다. 그저 입을 다물고 있을 뿐이었다. 마침내 차는 국경에서 10킬로미터 떨어진 이탈리아의 한 마을버스 정류장 앞에 멈췄다. 운전사는 레오나의 손에 상당한 액수의 이탈리아 돈을 건네주고는 레오나를 바라보며 처음으로 말을 꺼냈다. "버스, 트리에스테, 트리에스테, 기차." 그 말뿐이었다. 운전사는 차를 몰고 떠났다.

그 남자가 가르쳐 준 대로 두 사람은 트리에스테 행 버스를 탔고,

트리에스테에서 스위스 로잔으로 가는 기차를 탔다. 가지고 있던 얼마 안되는 돈과 이름 모를 남자가 준 돈을 합치니 로잔으로 돌아오는 데 드는 비용이 되었다.

이 이야기가 이상하거나 경험할 수 없는 이야기처럼 들리는가? 로잔으로 가는 방향과 필요한 경비까지 마련해 주실 만큼 하나님은 구체적이고 실재하는 분이신가? 이 책을 읽는 동안 여러분들 역시 어떠한 상황과 어떠한 문제에 부딪히든 하나님을 신뢰할 수 있는 법을 배우게 되리라고 믿는다.

재정 문제에 대해 하나님을 신뢰하는 것을 배우는 방법은 다양하다. 우리는 하나님이 다양한 방법으로 공급하시는 것을 경험하면서 믿음으로 사는 법을 배울 수 있다. 믿음으로 한 걸음을 내딛으면 하나님이 우리를 위해 일하시는 것을 보게 될 것이고 무엇보다도 하나님의 방법을 배울 수 있다. 믿음의 삶을 경험하고 나면 다시는 평범한 삶을 살 수 없게 된다.

국제 예수전도단YWAM, Youth With A Mission의 사역과 규모가 급격하게 성장하는 것을 지켜본 사람들은 어떻게 그렇게 많은 일을 단기간에 할 수 있었느냐고 묻는다. 나는 "YWAM은 내가 세운 것이 아니라 예수님이 세우신 것"이라고 대답한다. 내 역할은 그리스도가 하시는 일을 그저 지켜본 것뿐이었다.

선교 사역이 빠르게 성장할 수 있었던 중요한 비결은 믿음과 재정에 대해 하나님이 우리를 이끄신 방법에 있었다. 하나님과 그분의 놀라운 능력을 알지 못하면 어떻게 그러한 일이 일어날 수 있는지 이해할 수 없다. 나는 우리가 깨달은 원칙들을 함께 나누어 그리스도인들이 하나님의 방법을 깨닫고 하나님을 신뢰하는 법을 배울 수 있게 돕고 싶다. 오늘날은 모든 사람에게 돈이 필요하다. 우리가 하는 대부분의 일이 돈과 관계있기 때문이다. 당신이 원한다면 하나님께서는 돈을 얻고 쓰는 법을 비롯한 모든 것이 그분을 믿는 믿음 안에서 이루어지는 생활로 당신을 이끄실 것이다. 이것은 다음과 같은 사람들을 포함한 우리 모두에게 적용된다.

- 수입이 넉넉하지 못한 상황에서 십일조를 하려고 애쓰는 젊은 부부.
- 헌금은 줄었는데도 사역자들의 사례비를 주는 일과 가계를 꾸려나가는 일로 고심하는 목사.
- 재정적으로 안정된 직장을 선택할지, 그보다 더 나은 다른 길을 택할지 고민하는 졸업생.
- 연금 등 고정 수입으로 가계를 꾸려 나가려고 애쓰는 정년퇴직한 부부.
- 외딴 지역에서 필요한 돈을 얻기 위해 어떻게 해야 하는지 걱정하는 선교사.
- 처음으로 전임 사역을 시작하면서 앞으로 혼자 힘으로 살아갈 수 있을 것인지 걱정하는 초보 선교사.

- 재정적인 여유가 좀 있어서 어떻게 하면 하나님의 영광을 위해 돈을 쓸 수 있을까 생각하는 사람들.

이 책은 하나님이 하시는 일에 더욱 열정적으로 동참하려는 사람들을 위해 쓰였다.

나는 당신이 어떠한 상황에 있든지 하나님이 명하시는 일을 무엇이든지 담대하게 하는 것을 보고 싶다. 하지만 선택은 여러분의 것이다. 안락하고 평범한 삶을 살 수도 있고 하나님과 새로이 동역하는 전율을 맛볼 수도 있다. 당신은 벼랑 끝에 서는 용기를 가졌는가?

02 걱정하는 새를 보았는가?

벼랑 끝에 서는 용기 • *Daring to live on the edge*

걱정하는
새를
보았는가?

걱정하는 새를 본 적이 있는가?

이마에 주름이 깊이 팬 새를 본 일이 있는가? 아마 그 새는 여러 날 동안 잠을 자지 못해 눈이 충혈되고 눈동자는 흐릿할 것이다. 그 새가 둥지의 융자금을 어떻게 갚을까 걱정하면서도 어떻게든 어려움을 견뎌 내려고 애써왔음을 알 수 있다. 예수님은 우리에게 재정 문제를 직면하는 방법을 가르쳐 주시려고 새를 예로 드셨다.

> 공중의 새를 보라 심지도 않고 거두지도 않고 창고에 모아들이지도 아니하되 너희 하늘 아버지께서 기르시나니 너희는 이것들보다 귀하지 아니하냐(마 6:26).

그렇다. 우리는 걱정하는 새를 본 적이 없다. 우리는 새에게서 이처럼 걱정하지 않고 사는 삶의 비결을 배울 수 있다. 예수님은 "무엇을 먹을까 무엇을 마실까 몸을 위하여 무엇을 입을까 염려하지 말라."고 하셨다. 이러한 것들을 추구하는 비그리스도인들과는 다르게 살아야 한다고 말씀하신 것이다. 우리는 공중에 있는 새들처럼 걱정 없이 살아야 한다.

그런데 그리스도인들은 정말로 걱정 없이 살아가는가? 당신은 어떠한가? 내일 당장 일자리를 잃거나, 사업이 파산하거나 혹은 투자한 것이 실패하면 어떻게 하겠는가? 가지고 있는 재산을 모두 팔아 선교하며 하나님을 섬기라고 하신다면 어떻게 하겠는가? 하나님이 당신의 필요를 채워주실 것을 신뢰할 수 있는가?

대부분의 그리스도인들이 말하는 '믿음으로 사는 삶'이란 월급도 없고 정기적인 헌금이나 수입이 전혀 없는 선교사 또는 작은 교회 목사의 삶을 의미한다. 그렇지만 나는 이 의미를 좀 더 넓히고 싶다. 예수님은 우리 모두가 믿음으로 살기를 바라신다. 급여 생활자든 아니든 모든 사람은 하나님이 자신의 필요를 공급하신다는 것을 알 특권이 있다.

그렇다면 믿음이란 무엇인가? 믿음은 어떻게 얻게 되는가? 두 눈을 꼭 감고 산타클로스가 실제로 있다고 무조건 믿는 것이 믿음인가? 아무리 열심히 믿어도 산타클로스는 실제 인물이 될 수 없다. 그저 공상일 뿐이다. 반면에 하나님은 당신이 믿든지 안 믿든지 실재하시는 분이다. 하나님의 존재와 능력은 당신이 얼마만큼의 믿음을 가지고 있는지와 상관없다. 그렇다면 자기 생각은 무시하고 불가능한 상황처럼 보이는 절벽에서 몸을 내던질 것을 요구하는 것이 믿음인가? 절대로 그렇지 않다. 철학자이자 신학자인 키르케고르는 "맹목적인 믿음의 도약"이라는 말을 유행시켰다. 하지만 성경이 말하는 믿음은 '맹목적'도 아니고 '도약'도 아니다. 그것은 '빛 가운데서 걷는 것'이다.

히브리서 11장 1절은 "믿음은 바라는 것들의 실상이요 보이지 않는 것들의 증거"라고 말씀한다. 바꾸어 말해, 믿음이란 어떤 일이 일어나기 전에 그 일이 일어나리라고 믿는 것이다. 믿음은 아무것도 없지만 필요한 것을 얻게 되리라고 믿는 것이다. 또한 믿음은 하나님의 성품에 대한 강한 확신으로 스스로 해결할 수 없는 문제라 할지라도 하나님은 해결하실 수 있음을 아는 것이다.

성경이 뜻하는 믿음은 이기적인 욕심으로 무언가를 몹시 바라는 나머지 '믿음'이 생겨서 결국 그것을 얻게 되는 헛된 소망이 아니다. 또한 자신이 바라는 것을 얻으려고 정신력과 영적 능력을 집중하는 것도 아니다.

성경이 말하는 믿음은 다음과 같은 것들에서 비롯된다.

- 하나님이 당신에게 무엇을 하라고 하시는지 아는 것.
- 하나님이 당신에게 하라고 말씀하시는 것은 무엇이나 순종하는 것.

- 당신이 할 수 없는 것에 대해서는 하나님이 하나님의 때에 하나님의 방법으로 하실 것을 신뢰하는 것.

자주 부르는 찬송 중에 '의지하고 순종하는 길은… 복된 길이로다.'라는 가사가 있는데, 이것을 '순종하고 의지하는 길은'으로 바꾸어 하나님이 먼저 행하시게 했으면 좋겠다.

로마서 10장 17절은 "그러므로 믿음은 들음에서 나며 들음은 그리스도의 말씀으로 말미암았느니라."고 말씀한다. 믿음은 기록된 하나님의 말씀인 로고스logos와 하나님이 당신에게 개인적으로 주시는 구체적인 말씀인 레마rhema를 들을 때에 생긴다. 성경이 뜻하는 믿음은 어떤 어리석은 일을 선포하고 그것이 일어나기를 기다리는 것이 아니다. 하나님이 당신에게 불가능해 보이는 일을 하라고 하시더라도 그 일은 결코 어리석은 것이 될 수 없다. 성경이 말하는 믿음은 하나님의 음성을 듣는 것에서 시작한다. 성령님의 참된 인도하심인 레마는 결코 말씀인 로고스나 로고스를 쓰신 분의 성품과 어긋나지 않는다. 하나님이 당신에게 무엇을 하라고 하시는지 아는 것이 성경이 뜻하는 믿음의 첫 번째 단계이다.

두 번째 단계는 하나님이 당신에게 하라고 보여주신 것을 순종하는 것이다. 성경이 뜻하는 믿음은 행동하는 것이지 수동적인 것이 아니다. 몇 년 전, 스위스의 전도학교School of Evangelism에 있을 때 이것에 관한 놀라운 일이 일어났다.

몇 명의 젊은이들과 함께 중보기도를 하고 있을 때 주님께서 우리 선교 단체가 곧 농장을 갖게 될 것이라는 느낌을 주셨다. 정말 기대 밖의 일이었다. 농장에 대해 기도하고 있지는 않았지만 농장이라는 단어가 마음속에 아주 또렷하게 떠올랐다. 그 당시 YWAM에는 선교 훈련과 전도 여행에 쓸 소유지가 몇 군데 있었다. 나는 내가 받은 느낌을 소그룹 사람들과 나누었고 우리는 그 생각이 하나님께로부터 온 것인지 알 수 있게 해 달라고 함께 기도했다. 나는 사람들에게 먹을 것을 제공하고 젊은 선교사들을 훈련하는 데 농장이 얼마나 근사하게 사용될지 깨달았다. 곧 기도 중에 한두 사람을 통해서 그것이 하나님께로부터 온 말씀임을 확인했다. 우리는 감사로 기도 시간을 마쳤다. 그리고 하나님이 그 일을 이루실 것을 믿었다.

다음 날은 토요일이었다. 나는 조깅을 하느라 봄날 아침에 안개 속을 달리고 있었다. 우리 학교 가까운 곳에 있는 농장을 지나가고 있었는데 그곳에서 농기구들을 경매로 팔고 있었다. 순간적으로 나는 뭔가 해야 한다고 느꼈다. 전날 주님이 약속하신 것을 따르는 믿음의 행동이 필요했다. 나는 빨리 돌아가 간사들 중 불어를 할 줄 아는 조 포텔리와 하인즈 수터를 데리고 경매 장소로 갔다. 우리는 제때에 도착해서 짐마차와 철조망 그리고 우유통을 샀다. 우리는 트레일러처럼 차 뒤에 마차를 끌고 학교로 돌아왔다. 하나님이 우리에게 농장을 주실 때까지 짐마차는 학교 앞 잔디밭에 세워두고 철조망과 우유통은 다른 곳에 치워두었다. 어떤 사람들에게는 이런 행동이 어리석게 보일 수 있지만, 우리는 하나님이 농장을 주시겠다고 약속하신 것과 또 그 약속을 이루시리라는 것을 단순하게 믿었다.

주말에 한 스위스인 자매가 부모를 만나러 집에 갔다. 자매는 목사인 아버지한테 하나님이 우리가 농장을 갖게 될 것이라 말씀하신 것을 나누었다. 어떤 부모들은 싱거운 소리로 여기거나 그런 말을 한다고 나무랄 수도 있었을 것이다.

그 자매의 아버지는 시가 백만 달러 이상 되는 아름다운 농장에 위치한 어느 사역 단체의 위원이었다. 마침 이 사역 단체의 리더들은 자신들의 사역을 마칠 때가 왔음을 느끼고 농장을 기부할 기독교 단체를 3년간 찾고 있었다. 그래서 우리는 백만 달러 가치의 농장을 거저 받았다. 농장을 얻는 데 가장 많이 지불한 금액은 짐마차와 철조망, 우유통을 사려고 쓴 1천 프랑뿐이었다. 스위스 버티니Burtigny에 있는 이 농장은 20년이 지난 지금까지 젊은이들을 훈련시키고 많은 선교사들에게 먹을 것을 제공하는 장소로 사용되고 있다.

그 짐마차는 학교 앞 잔디에 장식용으로 놓였다가 농장으로 옮겼는데 세월이 지나자 부서졌다. 지금은 농장에서 리더로 섬기고 있는 하인즈 수터가 그때 부서진 조각 하나를 보관해 두었다가 나중에 성경말씀을 담은 액자로 만들어 내게 선물했다. 그때 받은 말씀 액자는 하나님이 말씀하실 때 순종의 길로 나아가면 하나님이 공급하신다는 진리를 생각나게 한다.

성경에 나오는 놀라운 기적들을 생각해 보면 대개는 먼저 순종이 필요했다. 여리고 성벽은 7일 동안 성 주위를 행진한 후에 무너졌고, 나아만 장군은 선지자가 지시한 대로 며칠을 걸어서 도착한 요단강 물에 일곱 번 몸을 씻고 난 뒤에야 문둥병이 나았다. 소경은 예수님의 말씀대로 실로암 연못에서 눈을 씻은 후에 나았고, 베드로는 세금 낼 돈을 얻기 위해 고기를 잡으러 가라는 예수님의 말씀에 순종하여 물고기 입에서 동전을 얻었다. 기적은 구체적으로 순종을 했을 때 일어났다.

믿음의 세 번째 단계는 하나님이 하실 일에 대해서 그분을 신뢰하는 것이다. 신뢰에 대해서 말할 때에는 그 신뢰하는 대상을 알고 있어야 한다. 보험설계사가 당신에게 계약서에 서명할 것을 부탁하면서 "세부 사항을 다 읽거나 우리 회사나 우리가 추천하는 상품에 대해서 모든 걸 다 알 필요는 없습니다. 그냥 저를 믿으세요!"라고 말한다면 당신은 그 보험설계사를 믿을 수 있겠는가?

하나님의 말씀에 대한 믿음과 신뢰는 하나님의 성품과 그분이 행하신 일을 아는 것에 기초한다. 성경에 나타난 하나님의 성품과 하나님의 약속들을 공부하고, 오늘날 나타내 보이시는 하나님의 신실하심을 읽어보라. 지난날에 도움이 필요할 때마다 하나님이 당신을 도우셨던 일들을 모두 적으라. 하나님이 신실하신 분이라는 깊은 확신이 들면 믿음이 생긴다.

믿음으로 살아갈 때에 하나님께 행하실 기회를 드리고 기다려야 할 때도 있다. 한 농부가 이것을 내게 다음과 같이 설명해 주었다. "하나님은 당신에게 나뭇가지 끝으로 나아가라고 하십니다. 나뭇가지 끝으로 갔을 때 '위이잉~' 하는 소리가 들려 뒤돌아보니 사탄이 전기톱으로 당신이 서 있는 나뭇가지를 잘라내고 있습니다. 성경이 말하는 믿음은 가지 끝에 서서 톱질하던 사탄이 나무와 함께 쓰러지는 것을 지켜보는 것입니다. 당신은 여전히 나뭇가지 위에 선 채로 공중에 있습니다. 그것이 믿음입니다. 나무나 나뭇가지를 믿는 것이 아니라 하나님의 말씀과 그 말씀을 지키실 분을 믿는 것입니다."

많은 그리스도인들이 하나님이 신뢰할 만한 분임을 한 번도 경험하지 못하면서 살아간다. 이들은 재정적으로 스스로 살아가면서 가지 끝에 선다거나 상식에서 벗어나는 행동은 절대로 하지 않는다. 대신에 '이 정도의 돈으로 하나님의 일을 할 수 있을까?' 하고 통장의 잔고를 의지한다.

하나님의 음성을 듣는 사람들은 하나님이 돕지 않으면 할 수 없는 일들을 하고 있음을 깨닫는다. 이들은 먼저 순종한 다음에 하나님이 하실 일을 기다린다. 다시 말해, 성경이 말하는 믿음은 할 수 있는 일을 하고 할 수 없는 일은 하나님이 하실 것을 신뢰하는 것이다.

믿음은 하나님 외에 다른 어떤 것도 의지할 수 없을 때 발휘된다.

하나님만 의지하는 믿음을 가진 한 젊은이의 이야기를 나누고 싶다. 데이비드 스나이더David Snider는 영국령 버진 아일랜드에 있으면서 여름에 여러 섬에서 자원봉사를 할 젊은이들을 관리했다. 한 팀에게 공급할 음식을 사러 성 요한St. John이라는 곳으로 갔는데, 생각보다 비용이 더 들었다. 데이비드는 모임에 참석하기 위해 주일까지 성 도마St. Thomas로 돌아가야 했지만 돈을 다 써버려서 수중에 돈이 하나도 없었다. 그는 성 요한 팀과 함께 기도했다. 사람들은 모두 그가 성 도마로 돌아가서 주일 모임에 참석해야 한다고 느꼈다. 문제는 어떻게 뱃삯을 지불하느냐였다.

떠나야 할 날이 되었지만 그에게는 여전히 돈이 없었다. 데이비드는 여행하는 도중에 차비가 마련되었던 일을 기억했다. 그래서 선착장에 가서 배에 오르기 전에 잠시 멈추고 '제가 정말 정확하게 하나님의 음성을 들었습니까?'라고 물었다. 그의 물음에 세미한 음성이 들려왔다. '그래, 가거라!'

그는 70명의 승객들 사이에서 갑판 위 자리를 하나 발견했다. 데이비드는 옆자리에 앉은 카리브인 의사 부부와 잠시 얘기를 나누었다. 의사 부부는 그에게 왜 자기들이 사는 섬을 여행하는지 정중하게 물었고, 데이비드는 젊은이들로 구성된 팀들과 함께 이곳 사람들에게 하나님을 알리러 왔다고 간단하게 대답했다.

시간이 빨리 지나갔다. 새로 사귄 사람들과 이야기를 나누며 태연한 척 애쓰고 있는 데이비드에게는 시간이 더욱 빠르게 느껴졌다. '함께 주님에 관한 이야기를 나눴는데 밀항자로 붙들리면 이 부부가 나를 어떻게 생각할까!' 얼마 후에 데이비드는 선박회사 직원이 뱃삯을 받으러 다가오는 것을 보았다. 데이비드는 의사 부부와 계속해서 대화를 나누었지만 직원이 자기 쪽으로 다가오는 것을 곁눈질로 보고 있었다. 어느새 직원이 바로 앞에 다가와 데이비드를 쳐다보았다. 빈 주머니에서 돈을 꺼내는 척하는데, 의사가 "아닙니다. 제가 대신 내겠습니다."라고 말했다.

당신은 데이비드와 같은 상황에 처하지 않을지도 모른다. 하지만 이와 같이 기적적인 하나님의 간섭이 필요한 상황을 만날 수도 있다. 마귀가 당신이 서 있는 나뭇가지를 잘라내고 있을 때 하나님이 당신을 붙잡아주실 것을 확신하는가? 그 열쇠는 하나님께 순종하고 당신이 믿는 하나님을 개인적으로 아는 데 있다.

하나님은 당신에게 급여를 받는 일자리를 얻으라고 하실 수도 있다. 그분께 순종하면 믿음으로 사는 삶을 살 수 있다. 당신이 계속해서 하나님의 음성을 듣고 당신이 버는 돈을 어떻게 쓸지 물으며, 삶의 모든 영역에서 그분께 순종한다면 당신은 믿음으로 사는 것이다.

하나님은 당신에게 사업을 하라고 하실 수도 있다. 그 사업이 하나님의 뜻에 따라 한 것이면 이익을 내든 손해를 보든 당신은 믿음으로 사는 것이다. 나는 지금까지 하나님의 뜻에 따라 여러 해 동안 중국에 투자한 사업가를 알고 있다. 그는 여기에서 매번 손해를 보았지만 주님이 다른 사업에서 돈을 많이 벌게 하셨기 때문에, 중국에서의 사업은 복음을 전하러 중국으로 들어가는 그리스도인들의 길을 닦는 데 유용하게 사용되었다. 또한 이 사업가는 친분을 맺은 정부 고위 관리들에게 자신의 신앙에 대해 들려주었다. 나는 이 사업가 역시 믿음으로 사는 선교사라고 말하고 싶다.

하나님은 당신을 좀 더 전통적인 의미의 선교사로 부르실 수 있다. 이때, 당신의 목적을 사람들과 나눠서 사람들로 하여금 당신이 하는 일을 돕게 하실 수도 있고, 가진 돈이나 아는 사람도 하나 없고 머물 곳이나 일할 수 있는 곳도 하나 없는 상태에서 가라고 말씀하실 수도 있다. 어떤 경우에서든 믿음으로 사는 비결은 방법에 있지 않다. 그 비결은 하나님의 음성을 듣고, 순종하고, 믿는 것이다. 우리가 하나님께 순종할 때 하나님은 우리의 삶을 직접 인도하신다. 돈은 삶의 거의 모든 영역에 영향을 끼치기 때문에 우리가 하나님을 초청하면 하나님은 여러 가지 놀라운 방법으로 우리의 재정에 관해 개입하실 것이다.

03 왜 믿음인가?

벼랑 끝에 서는 용기 · *Daring to live on the edge*

왜 믿음인가?

하나님은 왜 우리가 믿음으로 살기를 바라시는가?

먼저, 믿음으로 사는 것은 우리와 세상 사람들에게 하나님이 실재하신다는 것을 증명해 주기 때문이다.

남캘리포니아 대학을 다닐 때였다. 한 철학 교수가 있었는데 그는 하나님에 대한 학생들의 믿음을 무너뜨리려고 애쓰는 것 같았다. 그 교수는 목사의 아들이고 명석했지만 하나님에 대해 반감을 갖고 있었다. 그는 이미 신앙을 잃었고, 학기 내내 그리스도인이면 누구든 공격하려 하였다. 당시 나로선 그 교수가 하는 질문에 대답할 수 없는 것들도 있었다. 그러나 내가 절대로 부인할 수 없는 것은 바로 나의 경험이었다. 나는 오직 하나님만이 하실 수 있는 일들을 아주 많이 보았다.

나는 이것이 YWAM 안에서 하나님이 저마다 자신의 재정 문제,

즉 여행 비용뿐만 아니라 먹을 것, 마실 것, 입을 것(마태복음 6:31-33에서 예수님께서 구체적으로 말씀하셨던 것들)을 하나님께 의지하도록 이끄시는 주된 이유라고 믿는다. 1백여 개의 나라에 사는 많은 일꾼들이 어려움을 무릅쓴 채 하나님이 공급하실 것을 믿으며 전 세계로 나아간다. 하나님이 이끄시는 곳에서는 하나님이 먹이신다!

나 역시 처음에는 걱정을 했다. 하나님이 이끄신다는 것은 매우 분명했지만 나와 가장 가까운 선교단체 서너 곳에서는 적어도 본사 직원들과 비서들에게 급여를 주었다. 그러나 주님은 우리에게 YWAM에서는 어떠한 자리에 있든 급여를 받아서는 안 된다고 말씀하셨다. 나부터 젊은 자원자들에 이르기까지, 그리고 전도여행 팀원에서부터 팀의 버스를 수리하는 사람에 이르기까지 하나님이 자신의 생활비와 여행비를 마련하신다고 믿어야 했다.

이러한 방법으로만 선교단체를 이끌어야 한다고 생각한 적은 한 번도 없었다. 그 방법은 단지 하나님이 우리를 이끄시는 방법이었다. 훨씬 뒤에야 몇몇 파송 선교사를 둔 선교 위원회 대부분이 이와 같은 원칙하에 각자가 하나님을 신뢰하며 개인적으로 생계비와 선교 비용을 마련한다는 사실을 알았다.

얼마 안 있어 우리는 왜 하나님이 이러한 방법으로 우리를 이끄시는지 깨달았다. 우리는 하나님이 실재하신다는 분명한 확신을 얻었다. 라틴 아메리카 대학에서 마르크스주의를 신봉하는 화가 난 학생들과 부딪치든, 유럽의 지성인들의 무관심에 직면하든, 우리는 하나님이 실재하신다는 것을 알았다. 하나님은 틀림없이 살아 계신다. 그렇지 않았다면 우리는 선교지에 도착할 차비를 얻지 못했거나, 도착해서도 먹을 것을 얻지 못했을 것이다.

하나님을 믿고 있다면 액수는 중요하지 않다. 필요할 때에 돈이 없다면 십 달러든 백 달러든 부족한 것은 마찬가지다. 달린과 막 결혼했을 때, 우리 부부는 시카고를 지나 다음 모임이 있는 위스콘신을 향해 차를 운전하고 있었다. 유료 도로가 너무 많아서 가지고 있는 돈이 빨리 떨어지고 있었지만 빠듯한 일정대로 일을 마치려면 어쩔 수가 없었다. 번번이 속력을 늦추어야 했고, 줄고 있는 돈에서 또 25센트를 꺼내 톨게이트 요금통에 집어넣어야만 했다.

나는 주머니 속에 남은 돈을 더듬어 꺼내면서 마지막 톨게이트에 차를 대고 말했다. "봐, 달린. 35센트야. 통행료 25센트와 케노샤에 도착해서 월커슨 목사님께 전화할 때 쓸 10센트짜리 은화야." 내가 25센트짜리 은화를 떨어뜨리고 속력을 내어 유료 도로를 달리자 달린이 웃으며 말했다. "주님을 찬양합시다! 우리는 해냈어요!" 나도 같은 마음이었지만 그 기쁨도 잠시였다.

얼마 못 가서 속력을 늦추고 통행료를 준비하라는 또 다른 표시를 발견했다. 주님, 어떻게 할까요? 달린은 혹시 빠뜨린 동전이 없나 하고 지갑을 흔들고 있었다. 당장 25센트가 필요했다.

바로 그때, '차를 빼서 뒷문을 열어라.'라는 생각이 머리를 스쳐서 뒷문을 열었다. 그러자 문과 창틀 사이에 25센트짜리 은화가 세로로 서 있었다. 참으로 소중한 25센트였다! 내 평생에 25센트짜리 은화가 그렇게 커 보인 적은 없었다.

우연의 일치였을까? 나는 그렇게 생각하지 않는다.

또 한 번은 훨씬 더 많은 돈이 필요했다. 처음 일을 시작할 때 달린과 나는 캐나다 앨버타의 에드먼턴에 있었다. 멀리 패서디나에 있는 비서로부터 전화가 왔다.

"로렌! 어떻게 해야 할지 모르겠어요." 로레인 티지 양이 말했다. 장거리 전화였는데도 로레인의 목소리에는 긴장감이 역력했다. "오랫동안 수입이 하나도 없어요. 그리고 은행 예금도…. 지금 당장 갚아야 할 돈도 5천2백 달러나 돼요!"

나는 로레인에게 어떻게든 해보겠다고 말했다. 그러나 전화를 끊자 마음이 무너져 내리는 것 같았다. 여러 달 동안 재정적인 어려움을 가까스로 이겨왔는데 갑자기 너무 큰 일이 들이닥친 것이다.

나는 우리가 머물고 있던 집의 침대에 몸을 던지며 "하나님, 이 일은 하나님의 일입니다. 나로서는 어떻게 할 수가 없습니다!"라고 소리쳤다. 몇 분 뒤에 전화벨이 요란하게 울렸다.

"로렌, 무슨 일이 일어났는지 아세요?" 로레인의 목소리가 전화선을 타고 울려왔다. "영국 은행에서 2천 파운드 수표가 들어왔어요."

로레인이 그 돈은 제3국에 있는 무명의 기증자에게서 온 것인데, 영국 은행이 그 돈을 우리 사무실로 보낸 것이라고 말했다. "그리고 무슨 일이 있었는지 아세요? 은행에 전화를 걸어 영국 파운드와 달러의 환율이 얼마나 되느냐고 물었어요. 그 돈은 정확히 5천2백 달러예요!"

우연의 일치인가? 우연은 없다!

하나님의 실재를 증명함

많은 사람들에게 '하나님의 밀수꾼'으로 알려져 있는 브라더 앤드류는 앞에서와 같은 일을 이렇게 설명했다.

"당신이 정글을 지나가고 있다고 생각해 보라. 당신도 모르는 사이에 사자 한 마리가 슬그머니 곁으로 다가오고 있다. 사자가 공중 위로 뛰어오르는 바로 그 순간에 나무의 코코넛 열매가 사자에게 떨어져 정신을 잃는다. 당신은 돌아보고 깜짝 놀랐지만 안도의 숨을 내쉰다. 단지 우연일 수도 있고 운이 좋았다고 볼 수도 있다. 그러나 다음 날에도 똑같은 일이 일어난다면 어떻겠는가? 또 다른 사자가 뛰어오르고, 그 사자도 코코넛 열매에 맞는다. 그리고 그 다음 날에도 계속해서 다른 사자가 나타나고 또 다른 행운의 코코넛이 떨어진다.

이것이 우연이 아님을 깨닫기 위해 몇 번이나 이러한 일이 일어나야 하는가?"

우리 선교단체에서는 해마다 2만 명이 넘는 단기 사역 자원자들과 7천 명 이상의 전임 간사들이 세계 1백여 개 국가에서 함께 복음을 전한다. 선교팀들은 하나님의 사랑을 들고 사람이 살고 있는 곳이면 어디든 간다. 이들은 '우연의 일치'라는 행운을 반복해서 경험한다. 이러한 일들을 수십 년 동안 경험해 온 이들도 있다. 지금은 남태평양 통가(왕국)에서 YWAM의 리더로 섬기고 있는 네빌 윌슨의 이야기를 들어 보겠는가? 그는 피지 사람으로 뉴질랜드에서 나고 자랐다.

우리는 피지 섬 나디에서 개척을 하고 있었습니다. 우리 팀은 일곱 명이었는데 모두가 피지인들이었죠. 비자 문제 때문에 외국인은 팀원으로 받아들일 수가 없었기 때문입니다. 종종 이곳을 방문하겠다는 외부 손님들에게서 연락을 받으면 우리는 5킬로미터를 걸어 공항으로 마중을 나갔습니다. 택시를 탈 돈이 없었지만, 하나님은 매번 우리가 택시로 손님을 모실 수 있도록 필요한 돈을 마련해 주셨습니다.

언젠가 공항으로 손님을 마중 나갔을 때였습니다. 공항 터미널에서 동네 친구를 만났는데 그 친구는 우리에게 돈이 필요한지 몰랐지만 헌금을 주었어요. 또, 하나님은 손님을 위한 특별한 음식과 공항까지 바래다 줄 택시비를 마련해 주셨습니다. 우리는 손님들을 배웅하고 집으로 걸어 돌아오면서 하나님이 하신 일을 다시금 이야기하며 웃었습니다.

우리가 사용하고 있는 YWAM 본부는 수수밭에 있는 다른 이웃집처럼 마루에 멍석이 깔려 있습니다. 어느 날 저녁 멍석 위에 둘러앉아 있는데 마을 처녀가 빵 다섯 덩이를 가지고 왔어요. 우리 일곱 사람이 7일 동안 먹을 수 있을 만큼이었죠. 그런데 15분쯤 지났을까, 또 한 사람이 문을 두드리며 빵을 좀 나누어 주고 싶다고 했어요. 잠시 후에는 또 다른 이웃이 빵을 더 많이 가져왔습니다. 한 시간 만에 우리에게 열두 덩이의 빵이 생겼어요.

"왜 이렇게 많은 빵이 생긴 걸까요?" 아내가 물었습니다. "누가 올 모양이지!" 나는 대답했습니다. 한 시간도 채 지나지 않아 우리는 열다섯 명으로 구성된 팀이 그날 저녁에 뉴질랜드에 서 왔다는 얘기를 들었습니다.

하나님은 네빌과 수에게 필요한 것보다 더 풍성하게 먹이기도 하셨다. 1979년 크리스마스 무렵, 두 사람은 많은 사람들과 함께 하와이 마우이에서 전도여행을 하고 있었다. 네빌은 크리스마스 저녁에 언제나 아버지가 햄을 주셨던 추억에 잠겨 있었다. '아, 여기에도 햄이 있었으면….' 문득 이런 생각이 떠올랐다. 그로부터 몇 분 뒤, 투박해 보이는 하와이 주민들을 잔뜩 실은 검정 트럭에서 와자지껄 떠드는 소리가 났다. 놀랍게도 그들은 네빌의 마당 오른쪽에 트럭을 갖다 대더니, 한 거구의 남자가 일어나 "메리 크리스마스!" 하고 외치며 햄을 던졌다.

역대하 16장 9절은 "여호와의 눈은 온 땅을 두루 감찰하사 전심으로 자기에게 향하는 자들을 위하여 능력을 베푸시나니…"라고 말씀한다.

남캘리포니아 대학에서 나를 가르쳤던 그 철학 교수는 철학적 부정은 증명이 불가능하지만, 철학적 긍정은 증명이 가능하다고 가르쳤다. 성경은 하나님은 신실하시며, 의인이 버림을 당하거나 그 자손이 걸식하지 않으리라고 말씀한다(시 37:25). 이것은 정말 돈으로 증명이 가능한 철학적 긍정이다. 매일의 실제적인 삶 속에서 실천으로 증명할 수 없는 믿음은 진짜가 아니다.

2차 세계대전 이후의 사람인 조지 패터슨이라는 스코틀랜드 청년은 참된 믿음을 증명해 보이는 놀랄 만한 실험을 했다.

그 실험은 세 사람의 젊은이가 식당에서 논쟁을 하다가 시작되었다. 패터슨은 성경이 하나님의 말씀이며 한마디 한마디가 진실임을 주장했다. 논쟁을 좋아하는 또 한 사람은 비과학적인 것은 무엇이든 조금도 그 권위를 인정하려고 하지 않았다. 나머지 한 친구는 이름뿐인 그리스도인이어서 성경이 하나님의 말씀이라는 확신도 없었거니와 성경의 어느 부분이 하나님의 말씀인지도 몰랐다.

함께 저녁식사를 하던 친구들의 관심 속에서 열띤 논쟁은 계속되었다. 그런데 조지에게 상식을 뛰어넘는 한 가지 생각이 떠올랐다. 그는 친구들에게 성경이 과학적임을 증명해 보이겠다고 이야기하고는 주머니에서 지갑을 꺼냈다.

"하나님은 살아 계셔. 하나님은 말씀을 통해 사람들에게 자신과 자신의 뜻을 드러내신다구." 조지는 지갑에 들어있던 돈을 식탁 위에 쏟아 세어 보았다. 모두 합해 2파운드 7실링이었다.

조지는 친구들을 쳐다보며 말했다. "은행에 있는 돈은 모두 다른 사람에게 주겠어. 저축 예금도 모두 없앨 거야." 그러고는 9월에 선교 사역을 준비하기 위해 의학 공부를 하러 떠난다는 사실을 밝혔다.

"여기 있는 2파운드 7실링과 마지막 급여만 가지고 가겠어. 다음 달 런던에 있는 동안에는 재정 지원을 받지 못할 거야. 내게는 오직 주님만 계실 뿐이지. 이제 약속을 하나 할게."

조지는 진지하게 말을 이었다. "나는 너희 두 사람 말고는 누구에게도 내가 무엇을 하려고 하는지 말하지 않을 거야. 이 사실은 우리들과 하나님만 아는 비밀이야. 부모님께도, 교회나 선교단체에도 전혀 알리지 않을 거야. 돈이 떨어졌다는 것을 알리기 위해 옷을 다르게 입거나 살던 방식을 바꾸지도 않을 거야. 필요한 것은 무엇이든 하나님이 마련해 주셔야만 하는 상황인 셈이지. 내가 단 한 사람에게라도 도움을 구해야 할 처지에 놓인다면 집으로 돌아올 거야. 그리고 만약 그렇게 된다면 하나님은 전능하신 분이라든가, 그분을 믿는다는 소리는 두 번 다시 하지 않겠어."

이렇게 하여 조지 패터슨은 스스로 '전능자에 대한 강한 믿음으로 시작한 내기'라고 이름 붙인 게임을 시작했다. 그 내기 기간에 조지를 아는 사람은 누구나 그를 자비로 공부하는 돈 많은 집 학생으로 여겼다.

하나님은 곧 사람들을 통해 돈을 조지에게 보내기 시작하셨다. 돈을 주는 사람들은 "하나님이 이 돈을 당신에게 주라고 하셨습니다." 또는 "하나님이 주시는 돈이라 생각하고 받으세요."라고 말했다. 방법은 늘 여러 가지였지만 돕는 손길은 끊이지 않았다. 때로 돈을 써야 할 바로 직전에 도움을 받는 때도 있었다.

한 번의 예외가 있었다. 집으로 꼭 가야 하는데 돈이 들어오지 않았다. 런던에서 집에까지 갈 차비가 충분하지 않았기 때문에 조지는 갖고 있던 돈으로 갈 수 있는 데까지 간 다음에 거기서부터 이틀 동안 걸어서 스코틀랜드에 도착했다. 조지는 이것이 하나님이 자기의 믿음을 시험하는 것이라고 생각했다. 자기가 얼마나 힘을 다해 하나님에 대한 믿음을 지켜나가는지 보기를 원하신다고 믿었던 것이다.

친구들에게 자신이 옳다는 것을 입증하려는 열망은 내기 이상의 의미였다. 학창 시절에 그가 경험한 이 사건은 후에 티베트로 갈 때 꼭 필요한 것이었다.

당시에 티베트는 국제 우편 처리에 관한 국제 협정을 맺고 있지 않았다. 그래서 우편 송금을 통해 선교 후원을 받는 것이 불가능했다. 또한 티베트 승려들이 보이지 않는 굉장한 권력을 가지고 있다는 사실에 직면해야 했고, 그 나라에 들어섰을 때 중국 공산주의 학생들의 손에 잡혀 옥에 갇히고 고문을 받을 것이었다. 그에 관한 이야기는 모두 그의 책, 『하나님의 어리석은 사람』(*God's Fool*)에 나와 있다. 그러나 조지 패터슨은 중국 티베트 땅에 들어서기 전에 성경이 사실임을 증명했다. 그는 내기에서 이겼다!

믿음이 자라는 것을 경험함

믿음으로 사는 첫째 이유가 하나님이 실제로 계심을 증명하기 위해서라면 둘째 이유는 믿음이 자라는 것을 보기 위함이다. 로마서 12장에 따르면 우리는 모두 믿음의 분량을 받았다. 믿음은 선물이지만 사용할 때 자라난다. 믿음은 몸을 단련시키는 것과도 같아서 훈련을 할 때 더욱 강해진다. 아놀드 슈왈제네거와 우리의 차이점은 힘을 기르고 근육을 키우는 데 얼마나 힘을 쏟았느냐의 차이다. 그들은 무거운 가죽 공을 우리 쪽으로 던지면서 '땀을 흘리지 않으면 열매도 없다.'는 사실을 일깨운다.

내게도 몸이 굉장히 허약했던 때가 있었다. 며칠 동안 베개 위로 머리를 들어 올릴 수가 없었다. 어느 날 가까스로 머리를 좀 들 수 있게 되자 나는 그 동작을 계속했다. 내가 할 수 있는 유일한 행동이었기 때문이다. 시간이 흐르면서 자리에서 몸을 돌릴 수 있을 만큼의 힘이 생겼다. 몇 달이 더 지나서는 비록 기어서였지만 이리저리 다닐 수 있었다. 아직 서거나 걸을 수는 없었다. 그러던 어느 날, 첫돌이 지나면서 나는 마침내 걷고 설 수 있었다. 그래도 움직이는 데에는 장애가 있었다. 중력 때문이었다. 처음에는 몇 발자국 내딛다가 쓰러지는 일을 거듭했지만, 중력의 힘을 버텨내면서 날마다 연습을 하자 점점 힘이 붙어 넘어지는 횟수도 줄었다. 그러다가 마침내 나는 뛰고 달릴 수 있었다.

내가 한 경험은 결코 독특한 것이 아니다. 하나님께서 우리가 어린아이로서 겪는 과정을 마련해 두신 이유를 생각해 본 적이 있는가? 중력이 없었다면 더 쉽지 않았을까? 일어서기 위해 애쓸 필요도 없이 곧바로 뛰고 돌아다닐 수 있었을 텐데…. 그러나 이 노력은 한창 자라는 근육을 발달시키는 데 꼭 필요하다.

마찬가지로 살아가는 동안에 어려운 때가 한번도 없거나 하나님이 돕지 않으셔도 모든 일을 스스로 할 수 있다면 어떻게 하나님을 의지하는 법을 배울 수 있겠는가? 누가복음 17장 5절에서 제자들은 "우리에게 믿음을 더하소서!"라고 부르짖는다. 그들은 예수님이 기적을 행하시는 것을 많이 보았다. 예수님은 당장에 제자들에게 믿음을 주실 수도 있었다. 그러나 제자들은 우리와 똑같은 과정을 겪어야 했다. 하나님이 우리에게 생명을 불어 넣으셨듯이 믿음도 하나님이 주시는 선물이다. 그러나 믿음을 사용하여 시험test을 겪어낼 때 그 믿음이 더욱 자라난다.

쉴라 월쉬는 음악 선교 활동과 The 700 Club이라는 텔레비전 프로그램 공동 사회자로 유명하다. 그러나 쉴라는 무명일 때부터 순종하며 작은 믿음이라도 실천하려고 애썼던 아가씨다.

쉴라는 YWAM이 1976년 몬트리올 하계 올림픽을 겨냥해 전도를 계획하고 있다는 얘기를 들었다. 런던 바이블 칼리지 대학생이었던 쉴라는 세계 곳곳에서 온 사람들과 함께 믿음을 나누기 위해 그곳으로 가고 싶었다. 문제는 돈이었다. "캐나다행 비행기 표는커녕 청바지 한 벌 살 돈도 없었다!" 그러나 쉴라는 기도했고 몬트리올에 가야 한다는 강한 확신을 얻었다. 어느 누구에게도 도움을 청하지 않고 기도만 해야 한다는 마음이 들었다.

몬트리올로 떠나기 몇 주 전까지 돈이 조금씩 들어왔다. 사람들이 조금씩 준 돈을 모으니 필요한 비용이 거의 채워졌다. 런던에서 뉴욕까지 가는 항공비가 채워졌고 몬트리올행 버스비도 해결되었다. 그러나 뉴욕으로 돌아오려면 70달러가 더 있어야 했다.

쉴라는 크게 걱정하지 않았다. 쉴라가 몬트리올로 갈 수 있도록 하나님이 이미 수백 달러를 준비해 주시지 않았는가. 쉴라는 각국에서 온 1천6백 명의 지원자들과 함께 몬트리올에서 두 주간 전도 활동을 했다. 쉴라는 믿는 바를 전하러 매일 몬트리올 거리와 공원에 나갔다. 그러면서 하나님이 어떻게 자신을 집으로 보내주실지 날마다 기다렸다.

행사가 끝나갈 무렵, 훈련 본부로 쓰려고 산 낡고 큰 건물 앞 잔디밭으로 1천6백 명을 모두 불러 야외 모임을 가졌다. 그때까지 나는 쉴라를 알지 못했지만 믿음으로 편도 티켓만 가지고 온 젊은이들이 많다는 것은 알고 있었다. 나는 돈이 필요한 사람은 누구든지 일어서서 사람들 앞으로 나오라고 했다. 수백 명의 사람들이 앞으로 밀려 나왔다. 나는 모두 고개를 숙이고 누구에게 얼마만큼의 돈을 주어야 할지 하나님께 물어보라고 했다.

"자신에게 돈이 필요하다고 해서 주는 것에서 제외되는 것은 아닙니다!" 나는 앞에 나와 있는 사람들에게 다짐을 주었다.

쉴라에게는 이미 7달러가 있었다. '정말 놀라워! 나머지 63달러를 여기서 얻게 되는구나!' 쉴라는 생각했다. 그러나 쉴라는 놀랍게도 가지고 있는 7달러를 주라는 느낌을 강하게 받았다. '하나님, 그럴 수 없어요! 내가 갖고 있는 돈을 주다니, 그건 너무 대책 없는 행동 아닌가요?' 쉴라가 속으로 말했다.

그러나 더 이상은 그분의 인도하심을 부인할 수 없을 때까지 성령께서 계속해서 그녀의 마음을 찌르셨다. 쉴라는 아무 생각 없이 사람들 사이를 걸어갔다. 사람들은 고개를 숙이고 진지하게 기도를 하고 있거나 이미 누군가를 껴안고 돈을 건네고 있었다. 흥분되고 놀라운 광경이었다.

결국 쉴라는 하나님께 물어보았다. '하나님, 7달러를 누구에게 주기 원하십니까?' 그러자 금발 머리를 한 젊은 아가씨가 보였고 그녀에게 7달러를 주어야 한다는 느낌이 들었다. 쉴라가 7달러를 손에 쥐어 주자 금발의 아가씨가 쉴라를 꼭 껴안고 밝게 웃음지었다. "나에게 꼭 필요한 만큼의 돈이에요!" 흐뭇해진 쉴라가 자기 자리로 돌아가려 할 즈음에는 모임이 막 끝나 사람들이 흩어지고 있었다.

'주님, 내게 필요한 70달러는 어떡하죠? 알 수가 없군요! 나는 정말 주님을 믿었는데…. 어쨌든 순종했으니 이제 남은 삶은 캐나다에서 보내야겠네요!' 쉴라는 YWAM 본부 건물 뒤편에 있는 작은 강둑 곁 조용한 곳에 앉아 하나님께 불평을 쏟아냈다. 조금 뒤에 '쉴라야, 너는 나를 믿느냐 아니면 네가 이해할 수 있는 것만을 믿느냐?' 하고 말씀하시는 하나님의 음성이 들려왔다. 쉴라는 고개를 파묻고 눈물을 흘리면서 하나님을 믿지 못한 것을 용서해 달라고 기도했다.

다음 날 아침, 사람들은 모두 짐을 싸고 있었다. 버스나 기차역 또는 북남미 다른 곳에 있는 YWAM 본부를 향해 가는 트럭과 버스가 속속 떠나고 있었다. 쉴라는 배낭과 침낭을 들고 햇빛 속으로 걸어나갔다. 주머니는 텅 비어 있었다. 쉴라는 새 날을 주신 것과 하나님을 믿는 비밀을 배우게 된 것에 대해 감사드렸다.

공항으로 갈 사람들과 함께 밖에서 기다리고 있는데 누군가 자기 이름을 부르는 소리가 들렸다.

"쉴라 월쉬 씨 아닙니까? 쉴라 씨 맞지요?" 돌아보니 행정부에서 일하는 여자였다. "여기 계시는 동안 수업료를 잘못 내셨어요. 더 많이 내셨네요." 쉴라는 건네받은 봉투를 열어 보았다. 10달러짜리 지폐 일곱 장이었다. 그때 쉴라를 공항으로 싣고 갈 버스가 도착했다.

이러한 극적인 공급과 기적이 날마다 일어나는 것은 아니지만, 이런 경험은 살아가는 동안 하나님이 신실하신 분이심을 되새겨 주는 증표가 된다. 이러한 특별한 공급은 우리의 영성을 증명하는 것이 아니라 하나님이 어떤 환경이나 시련도 능히 이기게 하시는 위대한 분이라는 사실을 입증하는 것이다.

하나님은 40년간 광야에서 하늘에서 먹을 것을 내리시고 바위에서 물을 내시고 떨어지지도 않는 옷을 입히시면서 이스라엘을 이끄셨다. 하나님은 이스라엘 민족에게 그렇게 하신 이유를 말씀하셨다. "네 하나님 여호와께서 이 사십 년 동안에 네게 광야 길을 걷게 하신 것을 기억하라… 사람이 떡으로만 사는 것이 아니요 여호와의 입에서 나오는 모든 말씀으로 사는 줄을 네가 알게 하려 하심이니라" (신 8:2-3). 하나님은 지금도 사람들이 먹고살기 위해 자기들의 방법이나 세상적인 방법을 의지하지 않고 하나님을 의지하기 원하신다.

세계 경제 구조가 많이 취약해져 어떤 나라는 경제적으로 다른 나라에 의존하며 사람들도 다른 사람들에게 경제적으로 의존하게 되었다. 어떤 사람들은 정부가 보증하는 화폐를 신뢰하기도 한다.

우리 아버지가 해마다 하는 건강 진단을 받고 나서였다. 의사 선생님이 "달러처럼 건강하십니다."라고 말하자, 아버지는 "글쎄요, 그 말을 들으니 갑자기 걱정되는군요." 하고 장난스럽게 말을 받으셨다.

사람의 방식은 무엇이든 믿을 수 없다. 사람이 세운 방식들은 무너지기 마련이다. 우리는 보험이나 연금, 주식과 증권에 투자할 수 있다. 이러한 방법들은 나쁘지 않다. 그러나 그러한 것을 믿지는 말아라. 사람보다 높으신 분을 믿으라. 이기적인 성향을 가진 사람들은 때로 다른 사람을 도우려고 할 때조차도 실패할 수밖에 없다고 생각한다. 나는 사람을 믿지 않는다. 그러나 하나님과, 하나님의 사람들은 정말로 믿는다. 나는 또한 하나님의 주권 아래 있는 사람이라면 악인이라 할지라도 하나님이 다스리시고 지키신다는 것을 믿는다.

하나님이 우리의 실제적 공급자이심을 알아야 한다. 대개 사람들은 하나님과 다른 사람을 의지하지 않고 혼자 서려고 한다. 사람의 이러한 성향 때문에 예수님이 "오늘날 우리에게 일용할 양식을 주옵시고"라고 기도하게 하신 것이 아닐까. 만약을 대비해서 다음 주에 먹을 것을 구하라고 말씀하지 않으셨다는 것을 기억하라. 날마다 하나님을 의지할 때에 우리가 그분의 뜻 안에 있다는 것과 그분의 뜻을 따르고 있음을 알게 된다. 하루하루 사람을 의지하기보다는 하나님을 의지해야 한다.

사역을 하는 동안에 하나님이 필요한 것을 공급해 주신다고 믿는 사람들은 특히 다음과 같은 점을 명심해야 한다. 우리는 지난날에 하나님이 공급의 통로로 사용하신 사람들에게 관심을 쏟기 쉽다.

재정적으로 어려운 상황에 있을 때 깨어 있지 않으면 헌금을 해주지 않는 사람들에게 원망하는 마음을 품을 수 있다. 보이지 않는 세계보다 보이는 세계를 믿으려는 성향과 싸워야 한다. 보이지 않는 것이야말로 더욱 신성하고 믿을 만하다.

하나님은 '하늘과 땅이 없어지겠지만 하나님의 말씀은 결코 없어지지 않을 것'이라고 말씀하셨다. 하나님은 우리를 사랑하시며, 우리 삶의 모든 영역과 필요한 것들에 관심을 쏟고 계시다. 하나님은 우리를 돌보심으로써 우리와 세상 사람들에게 자신을 증거하실 것이다.

하나님의 음성을 듣고 하나님의 방법을 배움

믿음으로 사는 또 다른 이유는 하나님의 음성을 듣고 그 말씀에 순종하는 법을 배우기 위해서다. 주님은 우리가 구하기도 전에 하늘 아버지가 우리의 쓸 것을 아신다고 말씀하셨다. 그렇다면 하나님은 왜 우리가 구하기를 바라실까? 우리와 대화하는 창구를 계속해서 열어놓고 싶으시기 때문이다. 우리가 재정에 대해 하나님을 온전히 의지하면 그분은 우리의 걸음을 인도하신다.

주님은 자신의 속성과 방법과 힘을 가르치시기 위해 우리가 주님께만 집중하도록 하신다. 이스라엘 자손은 하나님의 행사acts를, 모세는 하나님의 행위ways를 알았다는 점을 기억하라(시 103:7). 하나님은 우리가 진정으로 하나님을 깊이 알아서 하나님을 더욱 열심히 믿기를 바라신다. 그분은 우리가 필요한 것을 공급받으면서 하나님의 방법을 배울 수 있도록 상황을 마련하실 것이다.

1972년, 우리는 하계 올림픽이 열리는 동안 독일의 뮌헨에서 그 당시 가장 커다란 복음전도 계획을 세웠다. 그렇지만 숙식 문제가 해결해야 할 가장 큰 숙제로 남아 있었다. 우리는 전 세계에서 1천여 명의 봉사자들이 올 것이라고 예상했다. 그러나 그 사람들을 어디서 묵게 한단 말인가? 호텔, 유스호스텔, 하숙집, 심지어 민박까지도 이미 여러 달 전에 예약이 끝나 있었다.

집을 구하기까지 몇 달의 시간이 있었지만, 그보다 인쇄기를 어디에 들여놓을 것인가가 더 시급했다. 전도지를 살 돈을 헌금 받았지만 하이델베르크 인쇄기를 구입해 자원 봉사자들과 함께 자체적으로 전도지를 인쇄하는 것이 더 경제적이었다. 며칠 있으면 큰 인쇄기가 배달될 텐데 그것을 들여놓을 장소가 없었다. 우리는 인쇄기를 들여놓을 장소를 찾기 위해 게리 스티븐스와 덕 스타크라는 두 젊은이를 보냈다.

게리가 독일에서 전화를 걸어왔다. "로렌, 인쇄기를 둘 만한 곳을 찾아냈어요." "어떤 곳인데, 게리? 창고인가?"

"예, 홀라흐라는 마을의 16세기 성곽에 있는 거예요. 그 성을 팔려고 내놓았어요!"

무언가를 살만한 돈이 하나도 없었지만 게리의 말을 듣는 즉시 그 성이 우리를 위한 것임을 알았다.

나는 돈 스티븐스와 브라더 앤드류와 함께 성주들을 만나러 갔다. 하나님은 그곳으로 가는 동안 우리가 제시할 액수와 언제 그 집을 인수해야 할지에 대해 내게 말씀하셨다.

성주들을 만났을 때 나는 우리 쪽 계약 조건을 분명하게 말했다. 우리는 열흘 뒤에 선급금 십만 마르크(약 31,000달러)를 지불하겠지만 이사는 내일 당장 하겠다는 조건을 내세웠다.(인쇄기가 다음 날 어디로든 배달되어야 했기 때문에 우리로서는 선택의 여지가 없었다!)

성주들은 당황했으나 협의를 하러 한쪽 곁으로 갔다. 몇 분이 지나 그들은 우리의 의견을 받아들인다면서 성곽 열쇠를 건네주었다. "당신들은 정말 유별나게 협상을 하시는군요. 마치 아이스콘을 사듯 일을 처리하십니다." 그들이 고용한 변호사 하나가 말했다.

일이 매우 쉽게 풀려갔다. 그 성은 그날 밤으로 우리의 것이 되었다. 일주일 만에 십만 마르크가 유럽 곳곳에서 들어왔다. 사람들이 성령의 이끄심을 따라 우리에게 돈을 보낸 것이다. 우리는 곧 이사했다. 하이델베르크 인쇄기가 배달되기 불과 몇 시간 전이었다. 참으로 간단했다.

'정말 놀라워! 하나님이 계약 조건을 가르쳐 주시고, 성주들이 동의하고, 사람들이 돈을 보내오고…. 그곳을 선교를 위해 쓰게 되다니!' 나는 언제나 일이 그렇게 쉽게 풀리리라고 생각했다.

그러나 하나님은 우리에게 하나님 자신을 의지하는 방법을 가르치고 싶어 하셨다. 하나님이 우리를 가르치시는 방법은 거의 매번 달랐다. 그 방법이 어떻게 다른지는 곧 알게 될 것이다.

린과 마티 그린은 영국에 사역을 개척하려고 스위스에 있는 선교 본부를 떠났다 어느 날 린이 전화를 했는데, 하나님이 자신들에게 주기 원하신다고 여기는 집 문제로 흥분하고 있었다.

린이 전화를 통해 말했다. "믿을 수 없는 일이에요, 로렌. 굉장히 크고 오래된 저택이에요. 1백 명의 간사와 학생들을 수용할 만큼 커요. 홈스테드 매너라고 하는데, 그토록 큰 집을 얻을 기회는 한 번도 없었어요. 그렇지만 나와 마티와 우리 팀원들이 지금까지 기도해 왔는데 이것은 하나님이 주신 것이라는 느낌이 들어요."

'또 다른 성을 주시다니 정말 굉장하군!' 나는 감탄했다. 하나님은 정말 좋은 분이시니 우리가 하나님을 믿고 커다란 집을 사는 일은 아주 쉬운 일이었다.

나는 비행기를 타고 히드로Heathrow 공항으로 갔다. 거기서 린과 마티와 다른 일곱 명의 영국 YWAMer들을 만났다. 나는 계속해서 속으로 기도했다. '그래, 이것은 그저 사람의 기대나 바람이 아니라 하나님이 주신 뜻이야.' 나도 그들과 같은 생각이었다.

우리는 차를 몰고 크롤리Crawley로 가서 런던 중심부에서 37마일 떨어진 홈스테드 매너로 갔다. 나는 13에이커의 땅 위에 둘러서 있는 건물들과 3층짜리 건물의 고풍스러운 아름다움에 놀랐다. 그들은 주요건물에 갖추어져 있는 가구와 비품 비용 5천 파운드를 합쳐 약 6만 파운드를 요구했다(당시의 미국 돈으로 144,000달러). 집 주인은 본래의 부지를 나누어 개인 도로 한쪽에 있는 수영장과 축구장을 포함하는 3에이커의 부지와, 또 다른 한쪽 3에이커를 따로 팔고 있었다. 남은 땅은 기타 모양의 땅으로 기타의 목 부분은 나무가 길게 줄지어선 개인 도로였으며 그 길 끝에 대저택과 주요 건물들이 있었다.

우리는 트럭에서 내려 집 앞 도로 위를 걸어가 크고 오래된 건물 앞에 다다랐다. 그리고 현관 복도에서 손으로 새긴 참나무 창틀과 스테인드글라스 창문을 보고 감탄했다. 내 속에서 누군가가 말했다. '이곳은 바로 영국 선교훈련 본부로 네게 주고 싶은 곳이다.'

우리 일곱 사람은 주요 건물을 살펴본 다음, 하나님께 그 땅을 달라고 기도하면서 주변을 행진하기로 했다. 우리는 필요한 금액을 하나님이 주실 것이라 믿고 찬양하며 흥분된 마음으로 진흙탕을 밟았다. 당시 영국 YWAM에는 예금액이 2백 파운드뿐이었다.

나무가 길게 늘어선 개인 도로를 '믿음의 행진' 하기로 했을 때, 기타의 목 부분에 있는 양쪽 땅들도 행진하기로 했다. 설명한 대로 기타의 목 부분에 있는 땅들은 우리가 얻으려는 땅이 아니라 축구장과 수영장이 있는 3에이커의 땅과 또 다른 3에이커의 땅이었다.

그날 기도 행진을 마치고 린과 마티는 영국에 있는 다른 그리스도인들에게 홈스테드 매너를 선교훈련 본부로 사려고 한다는 우리의 계획을 알리기 시작했다. 넉 달 동안 6천 파운드가 들어왔고 그 돈이면 선급금으로 충분했다. 이번 일도 독일에서 성을 살 때처럼 믿음으로 쉽게 얻을 것 같았다. 그것도 꼭 알맞은 때에 이루어질 것 같았다.

린과 마티와 다른 22명의 YWAM 간사들은 여러 아는 사람들 집에 묵고 있었고, 며칠 뒤면 크롤리 거리에서 복음을 전하려는 자원자들이 많이 올 것이다. 린과 마티에게는 그들을 어디서 묵게 할 것인가에 대한 대책이 아무것도 없었다.

그러나 우리는 하늘에 계신 아버지가 마련하신 특별한 훈련 과정을 겪고 있었다. 하나님은 우리가 하나님의 일을 위해 쉽게 땅을 얻는 것보다 하나님의 방법을 배우는 것에 더 관심을 가지셨다. 뜻밖에도 홈스테드 매너의 부지가 다른 사람에게 팔린 것이다! 놀랍고도 어처구니없는 일이었다.

우리는 주님께 돌아가 물었다. "어째서 이런 일이 일어나는 겁니까? 그 땅은 하나님이 우리에게 선교훈련 본부로 주신 땅이 아닙니까?" 아무런 응답이 없었다. 하나님이 말씀하셨다는 조용한 확신밖에는…. 홈스테드 매너는 우리가 사게 될 것이다.

땅이 이미 팔린 것을 알고 있었지만 하나님은 믿음의 친구들에게 홈스테드 매너를 사라는 영감을 주심으로 이 일에 대한 확신을 주셨다. 나머지 6천 파운드의 돈이 들어왔고 우리는 조심스럽게 그 돈을 나누어서 은행 구좌에 예금해 두었다.

그러는 동안 린은 자원자들을 수용할 만한 커다란 집을 얻었다. 여름이 지나서도 우리는 계속해서 홈스테드 매너를 구했다. 우리는 절박했다. 린과 마티와 40여 명의 동역자들이 화장실이 하나밖에 없는 런던의 조그만 집에서 꽉 짜인 일정에 맞춰 생활하고 있었다.

영국 선교 본부는 계속해서 성장해 갔다. 그들은 런던 중심부와 교외 지역으로 여러 팀을 내보냈고 작은 셋집에서 끊임없이 특별한 훈련 기회를 가졌다. 그 모습은 가끔 우습기도 했다. 언젠가 미국에서 온 성경 교사가 제일 큰 방에서 7일 동안 강의를 했다. 가로 세로가 13, 15피트인 방에 침대들이 줄지어 있었다. 학생들은 침대 위에 앉아 있었고 진지하고 위엄있는 성경 선생님은 창가에 서서 열심히 메시지를 전했다.

여러 달이 지났지만 하나님은 포기하게 하지 않으셨다. 홈스테드 매너는 처음 주인에게서 다른 사람에게 넘어갔고 우리는 세 번이나 본래 작정했던 가격을 제시하였다!

그러는 동안 YWAM 간사들이 늘어나서 우리는 장소를 이리저리 옮겨 다니다가 아이필드 홀을 빌렸다. 그 집도 훌륭했지만 조금씩 허물어져 갔다. 홈스테드 매너에서는 6마일쯤 떨어져 있었다. 이번에도 자원자들이 복음을 전하러 오기 바로 직전에 집을 마련할 수 있었다. 다만, 아이필드 홀에는 세간이 하나도 없다는 것이 문제였다.

자원자들이 도착할 날이 일주일도 채 남지 않았을 때, 린은 그저 호기심에 홈스테드 매너에 가 보았다. 린이 차를 세우고 있을 때 일꾼들이 세간을 나르고 있었다. 현장 감독의 말로는 새 주인이 고급 예비 소년 학교를 세우려고 하기 때문에 새 가구를 들여 놓는다는 것이었다.

"낡은 세간은 어떻게 해요?" 린은 일꾼들이 옮기고 있는 가구가 본래 자신들이 5천 파운드를 제시했던 바로 그 세간임을 기억하며 물었다.

"음, 곧 경매에 붙일 것 같아요."

"내가 사도 될까요?" 린이 물었다. "얼마에 사시겠수?" 이렇게 묻는 걸 보니 그에게 권한이 있는 것 같았다. 린은 크게 숨을 쉬고는 "백 파운드요."라고 말했다. 현장 감독은 모자를 올려 세간을 개인 차도로 조심스럽게 나르고 있는 일꾼들을 둘러보았다. 그러더니 모자를 머리 뒤로 밀어 제치고는 린을 쳐다보며 "2백 파운드요." 하고 맞받았다. 두 사람은 150파운드로 합의했고 간사들은 기쁜 마음으로 세간들을 옮기러 갔다. 원래는 5천 파운드에 사기로 했던 것들이었다.

"가나안 땅에서 굵은 포도송이를 가지고 돌아오는 여호수아와 갈렙이 된 기분이에요!" 린이 말했다. 그 세간은 홈스테드 매너가 우리의 것이 되리라는 증거였다.

그러나 달이 가고 해가 몇 번 바뀜에 따라, 우리를 믿고 홈스테드 매너를 사라고 희생적으로 헌금한 사람들에게 이 일이 늦어지는 이유를 설명하기가 힘이 들었다.

그러던 어느 해, 나는 런던의 히드로 공항에서 린을 만났다. 우리는 주차시켜 놓은 린의 차에 앉아서 은행에 있는 6만 파운드를 헌금한 사람들에게 공식 사과문과 함께 돈을 돌려주는 것에 대해 기도했다. 틀림없이 우리의 실수라고 생각했던 것이다. 주님은 홈스테드 매너를 말씀하지 않으셨고, 대신 아이필드 홀을 주셨다고 생각한 것이다. 사실상 그 당시, 아이필드 홀은 1백 명의 간사와 가족들로 이미 차고 넘쳤다.

그러나 주님은 우리를 곤경에서 벗어나게 하지 않으셨다. 아이필드 홀을 얻은 것도 옳았지만 주님의 말씀이 4년 전과 바뀌지 않았다는 조용한 확신도 주셨던 것이다. 즉, 홈스테드 매너를 얻게 될 것이라는 말씀이었다. 요셉이 애굽에서 어떤 기분이었는지 우리는 이해할 수 있었다. 거기서 요셉은 하나님의 말씀에 단련을 받았다(시 105:19). 그저 사과를 하고 우리가 실수했다고 말하는 편이 쉬웠을 텐데….

마침내 1975년 여름, 우리가 홈스테드와 주변의 진흙길을 밟으며 기도 행진을 한 지 4년 후에 그들은 우리가 처음에 제시한 6만 파운드의 조건을 받아들였다! 거기에 4년이라는 기간 동안 기타 목 부분의 양쪽 땅들이 덧붙여졌다. 6만 파운드로 본래 사려고 했던 부지에다 4년 전에 기도 행진을 할 때 포함했던 축구장과 수영장이 있는 3에이커의 땅, 그리고 또 다른 3에이커의 농지를 얻게 된 것이다.

홈스테드 매너로 이사한 뒤, 우리는 또 한 번 행진을 했다. 이번에는 175명의 YWAM 간사들이 우리가 얻은 땅 위를 쿵쿵 걸으며 찬양의 행진을 벌였다. 우리는 젊은 선교사들을 훈련시키는 데 필요한 땅보다 더 많은 땅을 얻었다. 우리는 하나님의 방법에 대해 많은 것을 배웠다.

- 비록 상황이 다르게 나타나고 일이 잘 풀리지 않더라도 하나님은 그러한 상황을 지나가게 하시는 분이심을 알게 하셨다. 그렇지만 언제나 아이스콘을 사듯 쉬운 일은 아니다.
- 주님이 아이필드 홀을 우리에게 더하여 주셨을 때, 때때로 주님 말씀

은 이것이나 저것 둘 중의 하나가 아니라 이것과 저것 모두를 의미하는 것일 수도 있다는 것을 배웠다.

하나님은 물질보다 우리에게 훨씬 더 관심을 가지신다는 사실을 비롯해 다른 많은 것들도 배웠다. 하나님은 우리에게 필요한 것을 당장 채워주기보다는 우리의 인격이 자라고 믿음이 커지도록 하나님의 방법을 가르치고 싶어 하신다.

하나님이 돈보다 우리에게 더 관심이 많으시다면 우리는 돈을 어떻게 보아야 하는가? 하나님은 재정에도 관여하시는가 아니면 영적인 분야에만 관심을 두시는가? 영적인 면과 물질적인 면, 이 두 가지가 어떻게 연결되는지는 다음 장에서 살펴보자.

04 하나님과 돈

벼랑 끝에 서는 용기 · *Daring to live on the edge*

하나님과 돈

주머니에 손을 넣어 1달러짜리 지폐가 있으면 꺼내서 살펴보라. 앞면을 펼쳐 그림과 인쇄 기법을 보라. 뒤집어서 뒷면에 인쇄된 기이한 무늬를 보라. 검은색과 녹색 잉크를 섞어 인쇄한 그 돈은 종이이며 가느다란 파란색과 빨간색 줄이 그어져 있는 고급 증서다. 그것은 그저 종이와 잉크일 뿐이다. 미국 정부는 해마다 16억 장의 1달러짜리 지폐를 찍어낸다. 오백 달러, 천 달러, 만 달러짜리 지폐도 해마다 54억 씩 찍어낸다. 커다랗게 깔린 녹색 종이가 인쇄기를 돌고 나면, 자르고 차곡차곡 묶어서 전국의 연방 은행에 보관하기 위해 차에 싣는다.

돈은 하나의 물건에 불과하다. 똑같은 인쇄기로 자동차 범퍼 스티커도 찍어낼 수 있고 돈도 찍어낼 수 있다. 돈은 사람이 일한 가치나 어떤 생산품의 가치를 주머니에 갖고 다닐 수 있거나 심지어 지구 반대편의 다른 필요한 상품이나 용역을 구매하는 데 사용할 수 있는 물건이다.

그러나 이 인쇄된 종잇조각에는 결혼생활을 깨뜨리고, 가족과 친구들과 함께 즐기며 쉴 시간을 잡아먹고, 심지어 그것을 더 많이 얻으려고 건강까지 해치게 하는 힘이 있다. 우리가 손에 쥐고 있는 죄 없는 돈 때문에 대도시 슬럼가 젊은이들이 독한 마약을 사용하도록 친구들을 꾀었다. 돈은 법을 보호하며 평생 살기로 한 법관들을 타락시켰다. 돈에 대한 욕망 때문에 어른들은 어린이 포르노를 팔아 수백만 달러를 벌어들이면서 아이들에게 말할 수 없는 짓을 저질렀다. 또한 부에 대한 욕망이 전쟁을 일으켰다. 어찌 보면 돈은 사람의 영혼을 다스릴 수도 있는 굉장한 힘을 가지고 있다.

돈은 사람을 죽이기도 하고 살리기도 한다. 이에 관한 두 가지 이야기를 들려주겠다.

20년 전쯤 남캘리포니아에 사는 한 남자가 나디 공항에서 그리 멀지 않은 남태평양의 피지 섬에 YWAM 부지를 사라고 2천 달러를 헌금했다. 그 땅은 여러 해 동안 우리를 기다리고 있었다. 마침내 1983년에 네빌 윌슨이 이끄는 팀이 영구적인 사역을 개척하려고 피지에 갔다.(앞 장에 나왔던 바로 그 네빌이다.) 네빌이 이끄는 사역팀은 그 땅에 건물을 세우기 시작했다. 그 집은 사탕수수밭에 있는 이웃집들과 아주 비슷했다. 그 집은 많은 사역자들을 위해 사용되었으며, 열방의 복음화를 위한 24시간 연속 기도도 그 집에서 시작됐다. 그들은 1989년 1월 1일 이후로 24시간 내내 쉬지 않고 몽골, 사우디아라비아, 러시아와 같은 나라들을 위해 2만 4천 시간 동안 기도해 왔다.

돈이 많았던 적은 한 번도 없었지만 그들에게는 여러 나라에 영향을 미치려는 커다란 열망이 있었다. 피지 선교사 여덟 명은 인도와 같은 여러 나라로 선교를 나갔다. 선교사들은 또한 피지 섬이 변화되기를 갈망하며 섬에서 가장 가난한 어린이들을 돕기 위해 유치원을 시작했다. 피지에서는 수수밭에서 일하는 일꾼들이 가장 가난했는데, 일꾼들 중에는 인도에서 온 사람들이 많았다.

피지에 있는 인도인 초등학교에서는 공부를 잘하는 어린이에게 교실 앞자리에 앉는 영예를 준다. 자연히 공부를 못하는 어린이들은 뒷자리에 앉아야 했다. 지역 신문을 보니 수수밭 일꾼의 자녀들은 오랫동안 한 번도 교실 앞자리에 앉지 못했다. 그렇지만 YWAM이 세운 유치원 덕에 그 아이들도 앞자리에 앉을 수 있게 되었다! 그리고 그 아이들의 부모 중에 힌두교에서 기독교로 개종한 사람들도 더러 있었다.

어린이들이 새로운 꿈을 갖고, 부모들이 복음을 받아들이고, 3년 넘게 여러 나라를 위해 기도한 끝에 젊은 선교사들을 파송하게 된 모든 일들이 피지 섬에서부터 멀리 떨어진 곳에서 하나님의 일에 2천 달러를 투자한 사람에 의해 일어난 것이다. 마치 씨앗을 심은 것처럼 돈에 생명이 있어서 하나님이 자라게 하신 것 같다.

그러나 돈이 언제나 거저 생기는 것은 아니며, 늘 생명을 살리는 데 사용되는 것도 아니다. 돈은 죽음을 낳을 수도 있다.

지난 해, 시뻘건 불기둥과 검은 연기의 소용돌이가 텍사스 오스틴의 밤하늘을 향해 치솟았다. 소방대가 불붙은 2층짜리 건물 앞에 도착했을 때였다. 소방차를 세우는 동안 잠옷과 속옷 차림의 사람, 심지어 침대보를 걸친 사람들이 건물 밖으로 뛰쳐나왔다. 젊은 소방대원이 놀라서 올려다보니 한 임산부가 2층 안쪽에서 소리를 지르며 서 있었다. 먼저 밖으로 탈출한 젊은 남자가 스페인 어로 뭔가를 절박하게 외치자 여자는 흐느껴 울면서 뛰어내렸다.

소방대원들은 재빨리 호스를 연결하여 타는 열기 속으로 들어갔지만, 경험으로 볼 때 건물 안에 있는 사람들을 구하기에는 이미 늦었다. 폭발적인 불길이 일었다. 등유나 가연성 물건에서 번진 불길인 것 같았다.

지하실에서 비틀거리며 걸어 나온 한 남자와 여자는 마치 걸어다니는 횃불 같았다. 의료진이 달려와 담요로 그들을 덮고 진정시킨 다음에 조심스럽게 구급차에 실으려 했다.

"안 돼요! 갈 수 없어요!" 여자가 소리를 질렀다. 검게 탄 여자의 얼굴은 눈물로 뒤범벅되어 있었다. "우리 아이가 저 안에 있어요! 우리 딸을 꺼내러 들어가야 해요!"

그러나 이미 건물은 용광로나 다름없었고 젊은 의사는 안타깝게

머리를 내저으며 강제로 그 여자를 구급차 쪽으로 데리고 갔다.

아침이 거의 다 되어서야 사람들은 그때까지도 연기에 휩싸여 있는 폐허 속에서 열다섯 살짜리 소녀의 시체를 찾았다. 소녀의 시체를 발견하기에 앞서 소방 당국은 불이 난 원인에 대한 기막힌 사실을 알아냈다.

자신의 돈 8달러를 갚지 않는 사람에게 화가 난 한 남자가 창문에 총을 쏘았는데 그것이 가연성 물건에 불을 붙였던 것이다. 건물 한 동이 몽땅 타버렸고 48가구가 집을 잃었으며 일곱 사람이 병원에 입원했고 한 소녀가 죽었다…. 모두가 8달러로 인한 다툼 때문이었다.

왜 돈이 사람에게 그토록 큰 힘을 지니는가?

하나님은 돈을 어떻게 생각하실까? 필요악으로 보실까? "하나님과 재물을 겸하여 섬기지 못하느니라"(마 6:24). 예수님이 하신 이 말씀은 돈과 하나님이 서로 대치됨을 보여주는 것이 아닌가?

돈을 사랑하는 것이 나쁘지, 돈 자체가 나쁜 것은 아니다. 바울은 돈을 사랑함이 일만 악의 뿌리가 된다고 했다(딤전 6:10). 돈 자체는 전혀 나쁘지 않다. 그러나 돈을 사랑하는 마음 때문에 그리스도인들 역시 고통을 당하고 돈의 노예가 되기도 한다. 돈은 카멜레온 같아서 가지고 있는 사람의 마음에 따라 다른 색깔을 띤다. 더러운 돈, 피 묻은 돈이라는 것이 있다. 대제상들도 유다의 돈을 피 묻은 돈으로 보고 성전고에 넣어두지 않았다.

그렇지만 돈 자체가 나쁜 것은 아니다. 돈은 그저 잉크로 인쇄된 종이일 뿐이다. 돈과 하나님이 대치하고 있는 것도 아니다. 사실 하나님은 많은 일에 돈을 유익하게 사용하신다. 우리를 시험test하고 우리의 마음을 보시려고 돈을 사용하기도 하시고 부족하게도 하신다. 우리가 돈을 어떻게 쓰느냐는 우리가 가장 우선시 여기는 것이 무엇인지를 나타낸다.

어떤 사람이 복권에 당첨되었을 때 기자는 제일 먼저 "그 돈으로 무엇을 하실 겁니까?"라고 묻는다. 하나님이 우리 손에 들어오는 돈 한 장에 대해서도 똑같은 질문을 하신다는 사실을 우리는 미처 깨닫지 못하고 있다. 돈을 어떻게 사용하느냐는 그 사람의 인격을 나타낸다. 예수님은 재물에 충성하면 참된 것으로 맡기시겠다고 말씀하신다(눅 16:11).

하나님은 자신을 의지하는 법을 가르치시려고 돈을 사용하신다. 하나님이 엘리야를 시냇가로 이끄셔서 극심한 기근 동안 그를 어떻게 숨기셨는지 기억하는가? 틀림없이 엘리야는 그 생활에 빨리 적응했을 것이다. 그는 까마귀가 언제 아침과 저녁을 가져다줄지 알았다. 엘리야는 시원한 냇가가 옆에 있는 그늘진 둑에 앉았다. 그런데 서서히, 그러나 확실하게 그 시내는 말라 버렸다.

엘리야에게 시내를 주신 분은 분명히 하나님이지만 그분은 엘리야가 시냇물을 의지하며 만족하도록 내버려두지 않으셨다. 하나님은 엘리야를 또 다른 곳으로 데려가실 참이었다. 그래서 엘리야가 있던 시내를 말려 버리셨다.

재정적인 샘이 말라 버렸을 때 우리는 하나님의 음성에 귀를 기울인다. 하나님은 우리가 기꺼이 하나님을 의지하길 바라신다. 하나님의 유일한 목적은 우리를 가르쳐서 하나님께로 더욱 가까이 이끄시는 것이다. 그런데 우리는 하나님이 최선이라고 여기는 상황보다는 오히려 좀 더 재정적으로 자립하는 쪽으로 쉽게 움직인다.

우리에게 돈이 없다면 하나님이 돈을 공급해 주시는 것과 마찬가지로 그것 역시 하나님이 하시는 일임을 알아야 한다. 내가 개발도상국들을 돌고 있을 때 우리 집의 '시내'가 마른 것처럼 느껴진 적이 있었다. 그때, 달린은 집에 있었는데 우리가 재정적으로 얼마나 쪼들리게 되었는지 미처 알지 못했다. 그러던 어느 날, 통장이 바닥나고 말았다. 지갑도 비었다. 그러나 달린은 친구들 몇 명과 함께 밖에서 식사 약속이 있었다. 결국 달린은 자기가 먹은 식사값이라도 내려고 집안 구석구석 돌아다니는 동전들을 죄다 긁어모았다.

"그때 주님이 생각났어요." 나중에 달린이 말했다. "나는 하나님께 왜 우리에게 돈이 하나도 없느냐고 물었어요."

달린이 마음을 가라앉히고 주님의 음성을 들었을 때, 하나님은 '네가 치약처럼 날마다 필요한 작은 물건이라도 내게 의지하며 생활하던 때가 오래 전이구나. 수천 명의 YWAM 간사들이 그렇게 살고 있어. 나는 너와 그들에게 필요한 모든 것들을 내가 공급해 준다는 사실을 되새겨 주고 싶었단다.'라고 말씀하셨다.

나는 재정적인 시내가 말라 버렸다는 이야기를 다른 이들에게서도 들은 적이 있다. 그들의 경우는 우리의 경우보다 훨씬 참기 힘든 것이었다. 한 남자가 자기 부부는 일 년 동안 교회 사역을 하면서 어려움을 겪었지만 후원금을 한 푼도 받지 못했다고 털어 놓았다. 단 1달러도…. 나는 몇 가지 이유를 알 것 같았지만, 그가 직접 하나님께로부터 이해를 구해야 할 문제라고 생각했다.

그렇지만 한 가지 내가 확실히 아는 것은 그렇게 재정이 부족했던 것 역시 하나님이 베푸신 기적이라는 사실이다. 갑자기 엄청난 돈이 쏟아져 들어오는 것만큼이나 가난도 큰 기적이다. 그 매력있고 존경할 만한 부부가 일 년 동안 가난을 겪었지만 교회나 어느 누구도 그들을 도와주지 않았으니 그것이 바로 기적 아닌가. 엘리야가 그랬듯이 '시내'가 말랐을 때 어떻게 움직여야 할지 하나님께 물을 필요가 있다.

하나님은 돈에 관해 많이 말씀하신다. 돈이 우리 생활에 중요하기 때문이다. 성경은 돈과 관련해 3,224번이나 말한다. 성경을 잘 살펴보면 하나님이 돈 자체와 돈을 쓰는 것을 어떻게 생각하시는지에 관해 의문을 가질 필요가 없다. 이 중요한 문제에 관해 성경이 어떻게 말하고 있는가는 뒷장에서 보게 될 것이다. 그것들을 바탕으로 우리는 하나님이 온전한 자유 안에서 이끄시는 일은 무엇이든 할 수 있다.

부자가 되기 위한 많은 계획들은 돈에 관해 자유를 약속해 주는 듯하다. 하나님도 돈에 관해 자유를 약속하시지만 하나님이 주시는 약속은 중개인과 판매원들의 공허한 약속과는 매우 다르다. 하나님은 우리가 진리를 알게 될 것이고 진리가 우리를 자유케 할 것이라고 약속하신다. 여기에는 돈에 관한 진리를 배우는 것도 포함된다. 우리는 참으로 자유로워질 수 있다.

하지만 먼저 돈과 우리의 대적에 관해 배워야 한다. 하나님만 우리의 돈에 관심을 갖고 계신 것이 아니다. 우리의 적인 사탄도 국제적 규모의 재정뿐 아니라 우리 한 사람 한 사람의 재정에 대해 세밀하게 관여한다.

05 월 스트리트의 왕

벼랑 끝에 서는 용기 • Daring to live on the edge

월스트리트의 왕

> 부하려 하는 자들은 시험과 올무와 여러 가지 어리석고 해로운 욕심에 떨어지나니 곧 사람으로 파멸과 멸망에 빠지게 하는 것이라 돈을 사랑함이 일만 악의 뿌리가 되나니…(딤전 6:9-10).

1851년, 캘리포니아 주 정부가 출범한 지 꼭 1년 만이었다. 그 무렵, 북프린스턴 강에서 무언가 반짝이고 빛나는 노란 것이 발견되었다. 그것은 사람들의 마음을 사로잡아 사람들을 바꾸어 놓았다. 바로 금이었다!

래딕 맥키 대령은 인디언국(局)이 정한 세 탐험지부 중 한 팀을 맡았다. 그가 이끄는 탐험대는 클래머스 강을 따라 북쪽으로 추적해 나가 샤스타 인디언들이 사는 스코트 밸리Scott Valley에 이르렀다. 탐험대는 아메리카 원주민들인 샤스타 인디언들로부터 환대를 받았다. 인디언들은 이미 와있던 광부 몇 사람에게도 친절히 대해 주었다. 싸우기 좋아하는 종족들과는 달리 샤스타 인디언들은 부드럽고 다정했다. 순수하고 믿을 만한 사람들이었다.

맥키 대령은 조약을 세우기 위해 샤스타 인디언들과 함께 회의를 열었다. 이 조약은 백인들이 더 많이 올 때(틀림없이 더 많이 몰려들 것이다. 맥키 대령과 캘리포니아 주 정부는 그 현상을 짐작할 수 있었다.) 자신들의 권리를 인정해 달라는 일종의 협약이었다. 맥키 대령이 모임을 소집하자 샤스타 전사들 3천 명이 교역소 가까이에 진을 쳤다.

마침내 협상이 다 이루어지고 샤스타의 우두머리 열세 명은 맥키 대령과 다른 증인들과 함께 조약에 동의하는 서명을 했다. 서명 후, 맥키 대령이 통역을 통해 인디언들에게 자신의 뜻을 알렸다. "성대한 축제를 열어 당신들을 초대하고 싶소! 바비큐 요리를 즐기며 우리의 우정을 돈독히 합시다!"

맥키 대령과 백인들을 믿지 않은 일부 인디언들을 제외하곤 거의 모두가 초청에 응했다. 인디언 수천 명이 긴 테이블을 따라 한 줄로 나아가며 신선하게 썬 고기와 조그만 빵덩이를 접시에 가득 채웠다. 서늘한 가을 햇빛을 받으며 음식을 먹는 동안 자신들을 초대한 백인들이 아무것도 먹지 않는다는 것을 눈치챈 사람은 몇 명 안 되었다. 광부들과 결혼한 인디언 여인들도 음식을 입에 대지 않았다.

다음 날, 역마차를 타고 스코트 밸리를 지나던 한 의사가 길 한쪽에서 이상한 형체를 보았다. 역마차꾼이 마차를 멈추자 의사는 재빨리 내렸다. 왠지 모를 두려움을 느끼면서 살펴본 결과, 그 형체들이 시체임을 알게 되었다. 그러나 의사는 길 아래를 내려다보고서 상상도 하지 못했던 광경에 더욱 깜짝 놀랐다. 수백 구의 인디언 시체가 즐비했고 아직 고통으로 꿈틀거리는 사람들도 있었다.

처음에는 어떤 전염병이 돌았을지도 모른다는 두려움에 휩싸였다. 그러나 그들은 신경 흥분제를 친 바비큐를 먹고 집으로 돌아오던 길에 죽은 것이었다. 그날 하루해가 저물기 전에 의사와 다른 사람들은 3천 구 이상의 시체를 발견하였다. 살아남은 몇 안되는 인디언 중 한 사람인 티 짐은 시체를 묻는 일을 도왔다. 이 사실은 캘리포니아 알타에서 발행하는 알타 뉴스지에 1851년 11월 5일자 뉴스로 보도되었다. 그렇지만 학살에 대해 조사하라는 공식적인 지시는 전혀 없었다. 온순한 샤스타 인디언들은 이미 죽고 없었다. 그들을 제거하는 것이 캘리포이나의 골드 러시시대에 조약과 토지권에 대해 걱정을 하는 것보다 훨씬 간단한 방법이었을 것이다.[1]

샤스타 인디언들을 학살한 것이 아무리 끔찍한 일이라 해도, 그것은 태고 때부터 사탄이 일으켜 온 악의 극히 작은 부분일 뿐이다. 악은 흔히 부자가 되고 싶은 욕망과 연결되어 있다. 주의하지 않으면 우리는 여러 번 들은 성경말씀을 무시해 버릴 수도 있다. 성경은 '돈을 사랑함이 일만 악의 뿌리'가 된다고 말씀한다.

에스겔서 28장 12-19절을 보면 과거 루시퍼가 반역을 하여 사탄이 되기 전의 모습을 엿볼 수 있다. 부에 대한 욕망이 반역과 얼마나 긴밀한지, 또 성경이 부에 대해 어떻게 묘사하고 있는지를 주의 깊게 살펴보라.

인자야 두로 왕을 위하여 슬픈 노래를 지어 그에게 이르기를 주 여호와의 말씀에 너는 완전한 도장이었고 지혜가 충족하며 온전히 아름다웠도다 네가 옛적에 하나님의 동산 에덴에 있어서 각종 보석 곧 홍보석과 황보석과 금강석과 황옥과 홍마노와 창옥과 청보석과 남보석과 홍옥과 황금으로 단장하였음이여 네가 지음을 받던 날에 너를 위하여 소고와 비파가 준비되었도다 너는 기름 부음을 받고 지키는 그룹임이여 내가 너를 세우매 네가 하나님의 성산에 있어서 불타는 돌들 사이에 왕래하였도다 네가 지음을 받던 날로부터 네 모든 길에 완전하더니 마침내 네게서 불의가 드러났도다 네 무역이 많으므로 네 가운데에 강포가 가득하여 네가 범죄하였도다 너 지키는 그룹아 그러므로 내가 너를 더럽게 여겨 하나님의 산에서 쫓아냈고 불타는 돌들 사이에서 멸하였도다 네가 아름다우므로 마음이 교만하였으며 네가 영화로우므로 네 지혜를 더럽혔음이여 내가 너를 땅에 던져 왕들 앞에 두어 그들의 구경 거리가 되게 하였도다 네가 죄악이 많고 무역이 불의하므로 네 모든 성소를 더럽혔음이여 내가 네 가운데에서 불을 내어 너를 사르게 하고 너를 보고 있는 모든 자 앞에서 너를 땅 위에 재가 되게 하였도다 만민 중에 너를 아는 자가 너로 말미암아 다 놀랄 것임이여 네가 공포의 대상이 되고 네가 영원히 다시 있지 못하리로다 하셨다 하라.

성경은 우리가 알아야 할 것을 말하지만 언제나 모든 것을 말하지는 않는다. 우리는 루시퍼가 어떻게 무역을 하게 되었는지, 누구와 무역을 하였는지 알 수 없다. 그러나 루시퍼는 부를 지배하는 굉장한 힘이 있다. 여기에서는 그를 '두로의 왕'이라 부른다.

'두로의 왕'은 두 가지 의미가 있다. 하나는 그 당시 최고 무역국가로 군림하던 두로의 왕을 칭하고 또 한편으로는 루시퍼를 말한다. 사람이라면 "에덴에 있어서", "하나님의 성산에서", "기름 부음을 받은 그룹"이라고 말할 수 없는 것이다. 그것은 우리가 사탄이라고 부르는 악한 영을 가리키는 것이다.

오늘날에는 이 사탄의 역할을 어떻게 설명할 수 있을까? 우리는 사탄을 두로의 왕이라 부르지 않는다. 아마도 '월 스트리트의 왕' 쯤으로 부를 수 있지 않을까? 알고 있듯이 사탄은 전 세계 무역을 지배하려고 애쓴다. 사탄은 돈에 대한 욕망을 이용해 사람을 지배하고, 불의한 무역을 함으로써 상업계뿐 아니라 과학, 기술, 건강, 정부, 정치, 대중매체, 예술, 오락, 스포츠, 교육, 심지어 교회와 가정생활까지도 지배하려고 한다.

사탄은 사람을 돈의 노예로 만들기 위해 탐욕, 권력욕, 자부심 등을 이용하며 두려움, 특히 경제적인 불안감이라는 술수를 쓴다.

탐욕이라 하면 흔히 돈이 많은 구두쇠를 떠올린다. 돈 방석에 앉아 돈을 세느라 손가락을 놀리고 있는 스크루지형의 수전노 말이다. 그렇지만 탐욕은 가난한 사람들과 중산층 사이에서 더 크게 작용한다. 소유욕에 빠진 사람들은 대개 가장 적게 가진 사람들이다. 인도 사람들은 탐욕 때문에 자기 아이의 다리를 부러뜨려 구걸을 하게 한다. 사람들에게 동정심을 사려고 아이들을 장애인으로 만드는 것이다. 미국은 또 어떤가? 큰 도시 안의 슬럼가에 사는 어린이들은 단지 비싼 스포츠화를 갖고 싶어 사람을 죽인다.

그런가 하면 부자들은 돈보다는 다른 이들을 지배하려는 권력욕에 빠지기 쉽다. 그래서 돈으로 가난한 사람들의 탐욕을 건드려 그들을 조종한다. 코네티컷에 있는 한 신발가게 주인은 가게 앞 진열대에 '우리 상점에서는 마약 거래를 하지 않습니다.'라고 써놓은 글귀 때문에 망했다고 했다.

그 몇 달 전, 신발가게 주인은 매우 인기 있는 스포츠화 제조업체의 대표들과 만났다. 대표들은 그의 가게가 있는 도시에 점포를 몇 개 더 열 것이라고 말했다. 그가 그 지역에서는 신발이 많이 팔리지 않을 것이라고 이야기하자 대표들은 이렇게 대답했다. "새로운 고객을 잡으십시오. 마약 밀매자들을 겨냥하십시오. 그들은 우리 상품 중에서 가장 비싼 것을 살 테니까요."

그러나 가게 주인은 그렇게 하지 않았고, 결국 파산하고 말았다. 인터뷰를 하던 신문기자가 손님이 마약 밀매자인지 어떻게 알 수 있느냐고 물었다. "수천 달러를 호가하는 금줄을 맨 10대 후반이나 20대 초반의 젊은이가 비싼 차를 몰고 와서는 당당하게 가게 안으로 들어오죠. 가게 안을 어슬렁대다가 가장 비싼 신발을 가리키고는 백 달러짜리 지폐를 내더니 거스름돈도 받지 않아요. 그럼 어디서 그런 돈이 생겼는지 짐작할 수 있잖아요." 가게 주인이 대답했다.

그러한 탐욕에 빠져 있는 사람은 어떤 사람들인가? 그들이 얻는 것은 무엇인가? 그저 많은 신발과 여러 대의 TV와 차와 집을 소유할 뿐이다. 그러다 보면 그것은 욕망을 위한 게임이 되어 버린다. 다른 사람을 지배하는 힘은 돈에서 얻은 것이다.

자부심은 사탄이 사람과 돈을 다스리는 또 하나의 수단이다. '만족감을 드릴 것입니다.'라는 광고 카피를 들어봤을 것이다. TV 광고는 '무엇으로 당신의 기분을 만족시키겠습니까?' 하는 낭랑한 여성의 목소리와 함께 고급 승용차를 내보인다. 그토록 요란하게 만족감에 호소하는 것을 보면 부귀영화로 교만해지고 타락한 두로의 왕, 사탄이 떠오른다.

두로의 왕은 또한 경제적 불안이라는 두려움으로 사람을 다스린다. 돈을 넉넉히 가지고 있지 않은 두려움, 돈을 조절할 수 없는 두려움, 지출 능력을 잃는다는 두려움…. 이러한 두려움 때문에 하나님이 말씀하신 것을 못한다면 두로 왕의 속임수에 쉽게 걸려든 것이다.

예를 들어, 불의한 무역을 하는 왕은 어느 독재자를 부추겨 다른 나라를 침략하게 해서 세계 원유 공급량의 25퍼센트를 생산할 수 없게 만들 수도 있다. 이것은 도쿄에서 뉴욕을 지나 프랑크푸르트에 이르기까지 세계 경제의 심장부에 두려움을 안겨준다. 공급량이 많다 하더라도 원유 가격은 오른다. 투자가들은 자신감을 잃기 시작한다. 새로운 대부금에 대한 이율이 오르고 사람들의 소비 심리가 위축된다. 돈의 흐름이 원활하지 않다. 경기 침체 또는 디플레이션(통화 수축)이 시작된다. 이 모두가 분위기를 해치는 두려움 때문이다. 단지 두려움 때문에 세계 경제가 혼란과 공항 상태로 내던져질 수 있으며, 수백만의 사람들은 일자리를 잃는다. 이처럼 사탄은 탐욕과 권력욕, 만족감, 두려움을 이용해 재정적으로 사람을 다스린다.

이러한 현실에서 우리는 어떻게 해야 하는가? 계속해서 하늘의 것에만 더욱 마음을 쏟고, 재정 문제는 세상적인 것이니 생각하는 것도 말아야 할까? 세상의 무역은 원수에게 그냥 넘겨주어야 하는가? 그것이 하나님의 뜻이라고는 생각지 않는다. 그것은 학교나 정부, 예술이나 대중매체, 오락, 스포츠에 영향을 끼치는 자리들을 포기하는 것이 하나님의 뜻이라는 말과 같다. 이러한 영역들은 우리가 파고들어야 할 영역이다. 우리는 기도하고, 성령님이 이끄시는 의로운 행동은 무엇이든 받아들임으로써 예수님의 왕국과 목적을 위해 일한다. 예수님은 이 땅에 있는 사람들 한 명 한 명과, 한 기관 한 기관을 구속하시려고 오셨다. 그러니 두로의 왕이 우리를 지배할 수 있는 수단이나 장치를 가지고 있지 않는 한 그를 겁낼 필요가 없다. 예수님은 사탄에게 말씀하셨다. "그는 내게 관계할 것이 없으니"(요 14:30).

세계의 자금 유통은 사고파는 것, 즉 수요와 공급에 따라 움직인다. 수요는 종종 실제적인 필요가 아닌 탐욕과 권력욕, 만족감, 두려움을 바탕으로 결정되기도 한다. 그렇지만 하나님 나라는 이러한 원칙과 아주 다르며 훨씬 힘이 있다. 하나님 나라는 베풀고 받는 것에 따라 움직인다. 성령의 음성을 듣고, 하나님의 뜻을 따르며, 너그럽게 베푸는 사람들이 두로 왕의 힘을 점점 쇠약하게 만들고 있다.

이러한 베풂은 사탄의 지배를 흔든다. 하나님의 영에 이끌려 너그럽게 베풀면 탐욕으로 인해 막힌 것들이 허물어진다. 우리는 종 된 마음으로 우리를 조종하고 다스리는 영과 맞서 싸우며 겸손과 절도 있는 위엄에 만족한다. 또한 빛이 어두움을 몰아내듯 하나님의 완전하신 사랑으로 두려움을 물리쳐 간다.

세례 요한은 메시아가 오시기에 앞서, 도끼가 이미 나무뿌리에 놓였으니 좋은 열매 맺지 아니하는 나무마다 찍힐 것이라고 외치며 회개를 촉구했다(눅 3). 사람들이 어떻게 회개해야 하는지 묻자 요한은 그것을 너그럽게 베푸는 마음씨와 연결하여 설명한다. "옷 두 벌 있는 자는 옷 없는 자에게 나눠줄 것이요 먹을 것이 있는 자도 그렇게 할 것이니라"(11). 또 세리와 군병들에게는 각각 다음과 같이 말했다. "부과된 것 외에는 거두지 말라 사람에게서 강탈하지 말며… 받는 급료를 족한 줄로 알라"(13-14). 세례 요한은 회개의 구체적인 행동을 대부분 돈과 관련하여 다루고 있다.

너그럽게 베푸는 마음은 회개 및 사악한 나무뿌리를 찍어 내는 것과 연관이 있다. 우리는 이것을 실제로 경험했다. 열방대학 부지로 하와이의 코나에 있는 땅을 협상하기 시작했을 때, 탐욕에 대해 너그러움으로 맞서야 한다는 하나님의 이끄심을 받았다. 그 이야기는 나의 책 『네 신을 벗으라』(예수전도단 역간)[2]에 자세하게 나와 있다.

기독교 마리아 자매회The Evangelical Sisterhood of Mary도 이와 비슷한 경험을 했다. 기독교 마리아 자매회는 2차 세계대전이 끝나고 시대적인 상황이 어두웠을 때에 독일에서 바실레아 슐링크가 시작한 수도원이다. 마리아 자매회 수도원생들은 그날그날 필요한 것을 주께 의지하며 예배 중심의 생활을 해오고 있었다. 개혁주의 신앙을 가진 나이 어린 수녀들 몇 명이 담스타트 땅을 처음으로 사들였다. 수녀들은 건물을 짓는 법을 몸소 배웠고 건물을 하나둘씩 짓는 데 드는 비용을 하나님께 의뢰했다. 먼저 예배당을 짓고 그 다음, 하나님을 만나고자 교파를 초월하여 수도원을 찾는 사람들이 쉴 수 있는 건물들을 지었다.

수도원의 바로 옆에는 이상한 모양의 작은 땅덩이가 있었다. 수녀들은 기도하는 가운데 그 땅을 예배처로 사야 한다는 확신을 가졌다. 그 동안 필요한 땅을 모두 얻었는데 그 땅만큼은 쉽지 않았다.

그 땅을 소유한 할머니는 땅을 팔고 싶어 하지 않았다. 어떠한 조건을 제시해도 조상 대대로 물려받은 땅을 팔 수 없다는 것이었다.

어느 날, 엘리야 수녀가 할머니를 설득하려고 그 집을 찾아갔다. 할머니는 집에 없었고 할머니의 종손자가 엘리야 수녀를 할머니의 방으로 데려다 주었다. 한눈에 봐도 할머니가 살아 있는 한 절대로 어느 것과도 헤어지려 하지 않는다는 것을 알 수 있었다. 한 사람이 쓰거나 갖고 있기에는 세간이 너무 많았다. 집안 전체를 채울 수 있을 만큼의 낡은 세간들이 방 하나에 가득 차 있었다. 남자는 엘리야 수녀에게 대고모가 침대에 올라갈 때 쓰는 사다리를 보여주었다. 침대는 조상 대대로 물려받은 매트리스를 하나씩 포개 놓은 것이었다. 할머니가 물려받은 물건은 어느 것 하나라도 포기하지 않을 것이 분명해졌다.

엘리야 수녀가 수도원에 돌아와서 그 사실을 알리자, 수도원생들은 그토록 이 세상의 것에 집착하는 사람을 풀어주는 길은 전심을 다한 기도뿐이라고 결론지었다. 한 영혼이 물건의 노예가 되어 있었다. 수도원생들은 "그러나 이런 종류의 마귀는 기도와 금식을 하지 않고서는 쫓아낼 수 없다."(마 17:21)[3]는 예수님의 말씀을 기억하면서 금식하기로 마음먹었다. 수녀들은 금식에 절제를 더했다. 할머니가 집착하고 있는 것들과 아주 비슷한 것들을 쓰지 않기로 했다.

마리아 자매회 수녀들은 그전부터도 매우 소박하게 살고 있었다. 수도회는 돈이 많지 않았고, 개인적으로도 넉넉한 사람은 거의 없었다. 그러나 하나님을 바라며, 혹시라도 어떤 물건에 대한 집착이 예수님을 향한 사랑보다 더하였다면 가르쳐 달라고 기도했다.

어떤 사람은 작은 나무 십자가를, 어떤 사람은 작은 엽서를 내놓았다. 값이 아니라 마음을 지키려는 자세가 중요했다. '무릎 꿇은 한 주간'을 보내고 수녀회에서는 할머니에게 다시 사람을 보냈다.

"땅에 대해서는 별로 아쉽지 않은데, 자두나무만은 그렇지가 않아요. 그 나무를 잃는 것은 생각하기도 싫어요!" 할머니가 이렇게 말했을 때, 그 수녀는 자기 귀를 의심했다. 땅은 팔고 싶지만 거기 있는 자두나무가 몹시 그리울 것이라니! 하나님이 기적을 이루신 것이다.

수녀들은 자두나무에서 나는 모든 것이 할머니의 것이라는 조건으로 그 땅을 계약했다. 그리고 그 뒤로 할머니가 이 세상을 떠날 때까지 1년 동안 나무에서 열린 자두를 모두 할머니에게 보냈다.

사탄은 엄연한 하나님의 재산을 조종하고 있다. 우리는 주께 순종하여 작은 일에서도 주님의 뜻을 따르면 사탄에 대항해서 가장 능력 있는 전투를 벌일 수 있다. 하나님이 기뻐하시는 것은 제사가 아니라 순종이다(삼상 15:22). 하나님의 뜻을 따르는 것은 종종 희생적으로 베풀어야 함을 뜻한다. 그러나 적을 물리치는 것은 희생이 아니라 하나님의 뜻에 순종하는 것이다. 그저 주머니를 비운다고 해서 모두가 지혜로운 것은 아니다. 자기가 돈을 보낸 단체에서 돈을 함부로 쓰는 것을 알게 되어 깜짝 놀랐다는 가난한 과부의 이야기를 읽은 적이 있다. 그녀는 이렇게 말했다. "돌이켜보면 내 음식비를 절약하느라고 한 주 내내 팝콘밖에 먹지 않았어요!"

믿을 만한 단체에 돈을 보내고, 보낸 헌금을 그들이 낭비하지 않을 것을 믿는다 해도 혼자서 사람들을 모두 도울 수는 없다. 하나님은 자기가 가지고 있는 것을 모든 사람들에게 다 주라거나 가난한 사람들을 무조건 채워주기 위해 애쓰라고 하지 않으셨다. 하나님이 바라시는 것은 하나님이 말씀하신 일을 따르는 것이다. 하나님의 말씀하심에 따라 가진 모든 것을 주었다면 하나님은 기적과 같이 당신의 부족함을 채우실 것이다.

주라는 말씀에 순종하는 것은 영적 전쟁을 하는 것과 마찬가지다. 예를 들어, 시카고에 사는 한 사람이 너그러운 마음에서 자기 재산을 모두 내놓아 세계 곳곳의 선교를 돕고, 사탄의 세력이 시카고에서 물러가길 바란다고 한다면 돈의 액수가 중요한 것이 아니라 자세가 중요하다. 몇 푼 안 되는 과부의 돈이라도 사심 없이 순종하는 마음으로 준 것이면 그것은 루시퍼에게 속한 어둠의 권세를 깨뜨린다. 사심 없이 준다는 것은 베푼 행위가 자신에게 어떤 식으로든 되돌아올 것을 기대하지 않는다는 뜻이다. 헌금을 했다고 교회에서 더 편한 의자에 앉거나 더 좋은 이웃을 얻는 것은 아니다. 헌금은 이미 자신의 손을 떠난 것이고 하나님만이 복을 되돌려 주실 수 있다. 이처럼 이기심 없이 베풀면 사탄의 권세를 흔들어 헌금을 받는 나라에서 사탄이 힘을 잃게 하며, 헌금을 주는 나라에서는 더더욱 그러하다.

이런 이유로, 아시아와 아프리카와 남미에 사는 그리스도인들은 선교단체와 다른 나라에 사는 가난하고 불쌍한 사람들에게 베풀어야 한다. 우리가 개발도상국에 사는 이 사람들에게 베풂의 능력을 가르치지 않으면 가난한 나라들은 계속 가난하게 될 것이다.

그렇기 때문에 크리스마스는 하나님이나 그분의 아들이신 예수 그리스도에 대해 전혀 모르는 사람들에게도 무척 중요하다. 비록 모든 상업주의와 화려한 겉꾸밈이 판을 치지만 크리스마스는 여전히 너그럽게 베푸는 날이다. 그리고 그저 그렇게 아낌없이 베푸는 것 때문에 해마다 경제가 적어도 다음 다섯 달 동안은 복을 받는 일이 일어난다.

또한 희생적으로 준다는 것은 하나님이 부족한 것을 채우신다는 측면에서 볼 때 두려움을 주는 사탄을 몰아내는 것이다. 하나님께 들은 대로 순종하고 나서 하나님의 공급하심을 단순하게 믿으며 기다리는 것은, 두려움을 통해 당신을 조종하려던 두로의 왕과 맞서 싸우는 것이다. 재정적인 불안으로 인한 두려움에 정면으로 맞서라.

바로 지금 하나님을 신뢰하라. 하나님이 참으로 신실하신 분임을 경험하게 될 것이다.

나는 지난 3년간 특정한 분야에서 지출을 포기하는 것을 배운 적이 있다. 매우 신기한 경험이었다. 하나님은 필요한 것을 곧바로 채워 주시는 분인데, 내 경우에는 입을 것이 없었다. 예수님은 들의 백합화를 입히시는 하늘 아버지께서 우리들도 근사하고 좋은 것으로 입히신다고 약속하셨다.

선교 사역을 시작하고부터 몇 년 동안에 있었던 일이다. 어느 교회에서 말씀을 전하고 난 뒤였는데 한 여자가 내게 찾아와 옷을 한 벌 사라고 권했다. 나는 그녀가 수표를 써 주거나, 옷을 고를 수 있도록 나와 달린을 쇼핑센터로 불러낼 것이라고 생각했다. 그러나 시어스 백화점 남성복 매장의 재봉사였던 그녀는 내 몸의 치수를 쟀다. 그리고 할인 기간이 될 때까지 기다렸다가 옷을 사서는 내 몸에 맞게 고쳐서 우편으로 부쳐 주었다. 참으로 놀라운 공급하심이었다. 말씀을 전하는 사람으로서 때로 번듯한 정장이 필요했기 때문이었다.

그 후로 3년 동안 그녀는 서너 벌의 정장을 보내 주었는데 그 옷은 꼭 필요한 때에 도착했으며, 언제나 훌륭하고 실용적이었다. 한편으로는 그것이 내 만족감을 시험하시기 위한 하나님의 '맞춤' tailor-made 시험임을 깨달았다. 나는 한번도 양복을 고르러 가지 않았다. 그것은 작은 교훈이었지만 내게만 주시는 아주 개인적인 교훈이었다. 하나님은 선택할 작은 권리까지도 하나님께 내어드리는 법을 가르치고 계셨다. 하나님은 필요한 것을 알맞게 공급해 주셨으며 내 부족함을 채우시는 그분의 신실하심을 가르치셨다. 3년 동안에만 일시적으로 일어났지만 나는 내 권리를 포기할 때 하나님이 나의 가장 기본적인 필요까지도 돌보신다는 것을 배웠다.

두로의 왕이 가장 두려워하는 것은 사람들이 자기들의 권리를 포기하고 하나님을 믿는 것이다. 우리가 탐욕스러운 마음을 회개하고 계속해서 사심 없이 주고 너그러이 베푼다면 사탄은 어떠한 방법으로든 우리를 위협할 수 없다. 우리가 교만에서 돌이켜 스스로를 낮게 여기고 하나님의 돌보심 가운데 자신을 두려움 없이 내맡긴다면 사탄이 무엇을 어떻게 할 수 있겠는가? 무슨 힘으로 우리 자신이나 재정과 진로, 사업 계획을 위협할 수 있겠는가? 사탄은 무기력해질 것이다. 에스겔서 28장에서 예언하고 있듯이 사탄은 그를 보고 있는 모든 자 앞에서 재가 될 것이다. 모든 사람이 사탄의 실체를 알게 될 날을 예언하고 있는 이사야서 14장 16절에서는 회의적인 웃음소리를 읽을 수 있다. "이 사람이 땅을 진동시키며 열국을 놀라게 하던 자가 아니냐." 우리는 사탄의 실체를 보게 될 때까지 기다릴 필요가 없다. 하나님이 어떤 분이신지 알고 그분을 마음에 새길 때, 사탄의 정체를 볼 수 있다. 하나님의 이끄심을 따를 때 두로의 왕이 개인과 단체와 사회와 국가에 미치려는 악한 영향력을 제거할 수 있다.

06 추락하지 않고 살아가기

벼랑 끝에 서는 용기 • Daring to live on the edge

추락하지
않고
살아가기

"클리블랜드 본부! 346 알파 찰리다.

나는 지금 100,500피트 상공에 있다. 구름 한가운데 있지만… 레이더가 잡히지 않는다. 방향을 잡고 싶다. 오버."

"6 알파 찰리, 클리블랜드. 로저입니다. 레이더를 잡지 못하고 있다는 것을 알고 있습니다. 전파 탐지를 위해 응답기를 4,582로 고정시키십시오. 지금 어느 방향으로 가고 있습니까?"

"6 알파 찰리는 지금 250도를 향해 나아가고 있다. 다시 한 번 코드를 말하라. 잘 들리지 않는다. 점점 방향을 잃어 가고 있다… 땅이 보이지 않아!"

"6 알파 찰리, 클리블랜드. 코드를 4,582로 고정하십시오. 자세 표시기를 계속 주목하십시오. 날개를 수평으로 유지하고 착륙을 시작할 수 있도록 힘을 줄이십시오. 우리가 레이더 교신을 시키겠습니다."

"제어력을 잃어가고 있다…. 잃어가고 있어… 방향이 꺾이고 있다… 몸체가 돌려고 한다! 회전하고 있어!… 어느 방향인가!! 도와 줘! 도와 줘!"

"6 알파 찰리, 제어 장치를 늦추십시오! 자세 표시기를 보십시오. 반대 방향으로 꺾으십시오, 반대 방향으로…."

"도와 줘! 도와달라! 멈출 수가 없어!"

"6 알파 찰리, 6 알파 찰리! 들립니까?"

(…침묵…)

"레이더 교신 실패."

위의 내용은 조종사를 죽음으로 몰고 간 소형 비행기와 관제탑의 교신 기록을 기초로 한 것이다.

이 사고를 조사해 보니, N346 알파 찰리기[1]의 항공계기에는 아무 이상이 없었다. 계기판만 보며 비행하는 것을 훈련받지 못한 조종사가 방향 감각을 잃어 비행기를 조종할 수 없게 된 것이었다. 비행기 계기판은 안전 비행을 수행할 수 있는 모든 정보를 갖추고 있었다. 그러면 무엇이 부족했는가? 바깥의 정보를 알려 주는 지시에 따라 비행하는 '계기(計器) 비행 훈련'이 부족했던 것이었다. 비행사가 사실이라고 믿었던 것은 거짓이었다. 조종사는 자신의 감각에 속았고, 결국 그 대가로 자기 목숨을 잃었다.

재정과 관련하여 믿음으로 사는 법을 배우려면 스스로 내린 상황 판단에 따르기보다는 바깥 정보원에 의지해야 한다. 그것은 계기 비행을 하는 것과도 같다. 때로 앞이 어둡거나 흐릿하게 보이더라도 올바른 지시를 따르면 바른 길로 갈 수 있다. 바깥의 정보원이란 바로 하나님의 말씀이다.

기록된 하나님의 말씀은 재정에 관해 많은 것을 가르쳐 준다. 나는 가장 기초적인 것들에 중심을 두고 싶다. 당신이 직장에서 일하든, 선교지를 개척했든 재정에 관한 성경의 진리들은 아주 중요하다.

원칙1 : 재정에 대해 걱정하지 마라

성경에서 명하는 중요한 원칙 중 하나는 걱정하지 말라는 것이다. 그것은 도둑질하지 말라, 간음하지 말라처럼 분명한 명령이다. '두려워 말라' 또는 그와 비슷한 구절은 성경에 백 번쯤 나온다.

예수님이 말씀하시고 행하신 것에 대해 우리가 들은 것도 있고 듣지 못한 것도 있는데, 그것은 하나님이 계획하신 것이다. 그러므로 산상설교에서 이 명령에 그토록 많은 지면을 할애했다는 사실은 시사하는 바가 크다. 거기에서 예수님은 우리를 넘어뜨릴지 모를 수많은 죄악들에 대해서 설교할 수도 있었고, 인간이 가장 흔하게 저지르는 죄나 세상이 겪는 고통에 대해 설교할 수도 있었다. 그러나 예수님은 많고 많은 문제들 중에서 우리가 돈에 열중하고 걱정하는 것과 관련해 집중적으로 설교하셨다.

재정적인 위기에 직면했는가? 마치 처음 대하는 것처럼 말씀에 집중해 보라.

그러므로 내가 너희에게 이르노니 목숨을 위하여 무엇을 먹을까 무엇을 마실까 몸을 위하여 무엇을 입을까 염려하지 말라 목숨이 음식보다 중하지 아니하며 몸이 의복보다 중하지 아니하냐 공중의 새를 보라 심지도 않고 거두지도 않고 창고에 모아들이지도 아니하되 너희 하늘 아버지께서 기르시나니 너희는 이것들보다 귀하지 아니하냐 너희 중에 누가 염려함으로 그 키를 한 자라도 더할 수 있겠느냐 또 너희가 어찌 의복을 위하여 염려하느냐 들의 백합화가 어떻게 자라는가 생각하여 보라 수고도 아니하고 길쌈도 아니하느니라 그러나 내가 너희에게 말하노니 솔로몬의 모든 영광으로도 입은 것이 이 꽃 하나만 같지 못하였느니라 오늘 있다가 내일 아궁이에 던져지는 들풀도 하나님이 이렇게 입히시거든 하물며 너희일까보냐 믿음이 작은 자들아 그러므로 염려하여 이르기를 무엇을 먹을까 무엇을 마실까 무엇을 입을까 하지 말라 이는 다 이방인들이 구하는 것이라 너희 하늘 아버지께서 이 모든 것이 너희에게 있어야 할 줄을 아시느니라 그런즉 너희는 먼저 그의 나라와 그의 의를 구하라 그리하면 이 모든 것을 너희에게 더하시리라 그러므로 내일 일을 위하여 염려하지 말라 내일 일은 내일이 염려할 것이요 한 날의 괴로움은 그날로 족하니라(마 6:25-34).

어떠한 것도 이보다 더 명확할 수는 없다. 어떤 사람은 "걱정하는 것은 사탄을 믿는 것이다."라고 단언한다. 시편 37편의 주제는 재정에 대해 걱정하지 말라는 것이다. '불평하지 말라'고 세 번이나 강조하고, 불평은 행악에 치우칠 뿐이라고 말씀한다. 성경은 재정적 어려움이 자신의 힘으로 어찌할 수 없는 경제 상황이나 경기 때문이든, 신용카드를 무절제하게 쓴 것과 같이 자신의 탓이든 한결같이 '걱정하지 마라. 하나님이 재정적인 어려움을 극복할 길을 보이시리라.'고 말씀한다.

재정 문제가 돈을 잘못 쓰거나 지혜롭게 사용하지 못해서 생긴 문제라면 재정적인 인도하심을 구하고 회개해야 할 수도 있다. 그러나 걱정해서는 안 된다. 걱정은 잘못된 태도와 행동을 낳을 뿐이다.

걱정하지 않기로 선택하는 것은 비행기 조종사가 안개 속을 나는 동안 자신의 감각보다 계기판을 의지하는 것만큼이나 의지가 필요하다. 돈에 대한 걱정을 하지 않기로 마음먹은 릴리안 트래셔Lillian Trasher라는 여성이 있었다.

릴리안 트래셔는 20세기 초에 공식적인 허가를 받거나 선교 위원회로부터 재정적인 후원을 받지 않은 채, 그저 주님의 말씀을 따라 이집트로 갔다. 이 젊은 미혼 여성은 거기서 수천 명의 고아와 버림받은 아이들을 도와야겠다고 생각했다. 그러나 아이들을 도울 아무런 방법이 없었다. 혼자 살아가는 어린이들을 돕기는커녕 자기 한 몸을 위한 고정 수입도 없었기 때문이다. 그러나 하나님이 뭔가를 하라고 말씀하신다는 확신이 들었다.

1911년, 릴리안은 어린이들을 받아들이기 시작한 지 얼마 되지 않아 약 2천 명에 이르는 어린이들과 과부들을 돌보게 되었다. 51년이 지나는 동안 2차 세계대전의 어려움도 겪었지만 릴리안은 하나님을 의지했고, 하나님이 고아들에게 먹을 음식과 새 건물을 주신다는 것을 믿었다. 그 사실이 퍼져 나갔고 많은 사람들이 도움의 손길을 보내왔다. 그러나 릴리안의 기본적인 생활 태도는 여전히 하나님을 의뢰하는 것이었다. 릴리안은 그 중에서 대표적인 경험 한 가지를 책에 실었다.[2]

하루는 알고 지내던 이집트 사람의 병문안을 갔다. 반나절을 그녀와 함께 보냈는데 갑자기 고아원에 아이들이 몇 명 있느냐고 물었다. 내가 대답하자 이번에는 돈을 얼마나 갖고 있느냐고 물었다. 갖고 있는 돈은 5달러가 조금 못되며 아는 사람에게 250달러를 빚지고 있다고 말했다.

그녀는 우리가 새 건물을 지으려고 계획하는 것을 알고 있었기에 깜짝 놀라며 "돈이 어느 정도 생기기 전에는 건물을 세우지 않으시겠죠?"라고 물었다. "아뇨. 우리는 돈을 기다리지 않아요. 새 건물이 필요하다는 확신이 들면 5센트만 있어도 건물을 짓기 시작합니다. 건물이 다 지어질 때쯤이면 필요한 돈도 지불이 되죠."

나는 지난날에 어떻게 그러한 일이 가능했는지에 대해 이야기하면서 그녀를 이해시키려 했다. 그리고 가장 최근에 지은 2층짜리 여학생 기숙사를 어떻게 빚 한 푼 지지 않고 지었는지 이야기해 주었다. 몇 가지 이야기를 듣고 나서 그녀가 말했다. "그래요, 릴리안. 그것이 사실인 걸 몰랐더라면 나는 그 말이 모두 거짓이라고 했을 거예요!"

저녁에 그 집을 나설 때 그녀의 남편이 내게 25달러를 주었다. 다음 날 아침에는 미국에서 55달러가 송금됐다. 나는 빚을 조금 갚았다. 그 다음 날 오후에 육아실로 갔다. 아기들의 요를 살펴보면서 아이들에게 방수요가 필요하다는 것을 알았다. 요가 무척 낡아 있었다. 한 교사에게 10달러만 있었으면 좋겠다고 얘기하는데 여자 아이가 나를 불렀다. "엄마, ○○부인에게 전화가 왔어요." ○○부인은 남편을 여읜 이집트 사람이었는데 돈이 굉장히 많았다.

○○부인은 고아원을 방문하고 싶다고 말했고, 얼마 되지 않아 차 두 대를 이끌고 나타났다. 차 한 대에는 어린이들에게 줄 오렌지가 가득 실려 있었다. 부인은 줄을 서서 지나가는 아이들에게 오렌지를

하나씩 나눠 주었다. 그리고 떠날 때 내 손에 150달러를 쥐어 주었다.

나는 곧장 가게로 가서 아기들을 위해 새 방수요를 사고 나머지 돈은 빚을 갚는 데 썼다. 다음 날 미국에서 기부금이 5백 달러 송금 됐다. 우리가 짓고 있는 건물에 많은 보탬이 되었다. 나는 건물 신축을 걱정하던 이집트 여인에게 전화를 걸어 하나님이 며칠 동안 하신 일을 나누었다. 그러자 그녀가 말했다. "오, 하나님! 감사합니다. 나는 당신과 아이들이 걱정되어 잠을 잘 수가 없었어요."

이집트 여인은 잠을 이루지 못했지만 릴리안은 그렇지 않았다. 걱정하지 않기로 마음먹었고 하나님이 공급하실 것을 알고 있었다.

원칙2 : 우선순위를 바로 세우라

우리는 먼저 하나님 나라와 그 의를 구해야 한다. 사람은 어떤 것이든 자신이 가장 중요하게 여기는 것에 자신의 힘과 시간을 들인다. 자신이 중요하게 여기는 것, 그것이 우리의 결정을 좌우하며 또한 그것은 우리를 가장 흥분시킨다. 솔직한 사람이라면 때때로 하나님이나 하나님 나라보다 돈이 가장 우선시 된다는 것을 인정할 것이다. 그러나 주님이 마음속에 주인으로 계시면 우리는 돈에 영향을 받지 않을 것이다. 돈이 있든 없든, 장부를 바라보지 않고 계속해서 하나님을 바라보게 될 것이다. 이따금 재정에 대해 걱정하는 정도가 우리의 우선순위가 어디에 있는지를 보여준다.

원칙3 : 책임감을 갖고 부지런히 행동하라

그렇지만 먼저 하나님 나라를 구한다는 것이 우리가 재정에 관해 책임이 없다는 것을 뜻하지는 않는다. 성경은 네 양떼의 형편을 부지런히 살피라고 하셨고(잠 27:23), 부지런한 자의 손은 사람을 다스리게 된다고 하셨다(잠 12:24). 또한 각 사람이 생산적인 일을 하고, 자기가 필요한 것을 돌보아야 한다(살전 4:11-12,살후 3:10).

십계명의 제4계명을 기억하라. 우리는 종종 안식일을 거룩하게 지키라는 한 면만을 강조하는데, 나머지 6일 동안은 일하라고 명하셨다는 사실 또한 잊지 말아야 한다.

일은 저주받은 것이며 일을 안 해도 되었다면 더 잘 살았을 것이라고 생각하는 사람들이 더러 있다. 나는 하나님이 아담에게 먹을 양식을 얻기 위해 일해야 한다고 하신 말씀이 전적으로 저주는 아니라고 생각한다. 생산에 대한 욕구는 각자의 마음속에 깊이 뿌리내리고 있다. 게으름이야말로 진정한 저주다. 그래서 어쩔 수 없이 은퇴한 많은 건강한 사람들이 은퇴한 뒤에 빨리 죽는 것이다. 청교도적인 직업윤리로 되돌아갈 필요가 있다. 우리는 일을 해야 한다. 열심히 해야 한다. 그러면 하나님이 우리가 하는 일에 복 주실 것이다.

성경은 또한 우리에게 가족에 대한 책임이 있다고 말씀한다. 직계 가족과 나이 든 부모님을 돌보라고 말씀한다(딤전 5:4).

재정에 대한 책임을 어떻게 질 것인가는 사람마다 다르다. 하나님은 각 사람을 다양한 방법으로 부르셨고, 그 부르심에 따라 준비해 주시는 것도 다르기 때문이다. 하지만 그렇다고 해서 재정적인 책임을 완전히 피할 수 있는 것은 아니다.

원칙4 : 현명하게 투자하라

예수님은 우리에게 달란트의 비유를 들려주셨다. 이 비유는 현명한 투자를 하는 데 최선을 다해야 함을 분명하게 말하고 있다. 갖고 있는 돈을 사용하고 늘려서 많은 사람들을 축복하는 데 써야 한다. 돈을 숨겨두거나 쌓아두어서는 안 된다. 그러나 한 가지 주의할 점은 달란트 비유가 반드시 재정적인 부의 증가를 의미하는 것은 아니라는 것이다. 그런 의미도 포함하겠지만 더 중요한 것은 바로 우리의 인격이 성숙하는가, 이 땅에서 하나님 나라가 확장하는가에 관한 문제다. 어쨌든 성장하는 것에는 생명이 있다. 그러므로 회사나 투자를 통해서도 그리스도가 주시는 생명과 배가의 은혜를 나타낼 수 있다.

원칙5 : 아낌없이 베풀라

그리스도인이면 누구나 아낌없이 베풀어야 한다. 너그러움은 그리스도 안에 새로운 피조물이 될 때 우리 속에서 일어나는 하나의 변화다. 변화되면 우리는 다른 누구보다도 아낌없이 베푸시는 하늘 아버지를 닮게 된다.

아낌없이 베풀어야 하는 첫째 이유는 하나님을 향한 감사와 사랑을 나타내기 위함이다. 하늘에 계신 예수님께 수표를 보낼 수는 없다. 우리가 예수님께 재정적으로 드릴 수 있는 유일한 방법은 다른 사람들에게 주는 것이다. 따라서 주는 것은 하나님을 예배하는 하나의 요소다.

하나님께 드리는 가장 기본적인 방법은 수입의 십분의 일을 십일조로 드리는 것이다. 구약 전체를 통해 나타난 예와 하나님의 직접적인 명령으로 볼 때, 십일조는 하나님을 따르는 모든 사람에게 당연한 것이었다. 십일조를 드리는 것은 율법이 있기 전에 시작되었으며(창 14:20) 예수님도 십일조를 소홀히 여기지 말고 계속해서 드리라고 하셨다(마 23:23).

그렇지만 십일조를 드린다고 너그러운 사람이 되는 것은 아니다. 십일조만 드린다면 도둑보다 조금 나은 사람일 뿐이다. 성경은 십분의 일이 하나님의 것이며 그보다 조금이라도 적게 드리는 것은 하나님의 것을 도둑질하는 일이라고 가르친다(말 3:8-9, 레 27:30-32). 그러나 십일조는 우리가 가진 모든 것, 즉 1백 퍼센트 모두 하나님의 것임을 우리에게 되새겨 주기 위한 것이다. 주님은 은도 금도 자신의 것이며(학 2:8), 땅과 그 속에 있는 모든 것이 하나님의 것이라고(시 24:1) 말씀하신다. 성경 말씀에 따르면 우리의 것은 하나도 없다. 우리가 가지고 있는 것은 무엇이든 하나님께 빌려 받은 것으로, 우리는 그 돈을 하나님의 목적을 위해 현명하게 쓸 책임이 있다.

이것이 신약의 사람들이 십일조 이상으로 베풀고 있는 이유다. 너 그렇게 베푸는 것은 구약에서 기본으로 말하는 십일조를 드린 이후에 나타나는 것이다. 그런데 안타깝게도 마땅히 하나님의 것인 십일조조차 계속해서 훔치고 있는 그리스도인들이 아직 얼마나 많은가. 사실 교회에 다니는 대부분의 사람들이 십일조를 하지 않는다. 존과 실비아 론스발의 연구 조사에 따르면 1968년부터 1985년 동안 1인당 소득이 놀랍도록 늘어났는데, 교인들이 내는 수입 비율은 3퍼센트에서 2.8퍼센트로 떨어졌다고 한다. 이런 추세라면 얼마 안 가서 그 비율이 1.94퍼센트로 뚝 떨어질 것이라고 예상하였다.[3]

성경은 십일조를 드리지 않으면 재정적인 상황은 모두 저주를 받는다고 말씀한다(말 3:9). 혹시 지금 십일조를 드리지 않고 있으며 참으로 보잘것없는 수입의 1백 퍼센트를 다 쓰지 않고서는 빚을 갚아 나갈 방법이 없는 상황에 처해 있는가? 다음의 이야기를 읽어보라.

한 청빙 목사가 모든 그리스도인들은 십일조를 드려야 한다는 내용의 설교를 막 끝마쳤다. 설교는 사람들에게 도전을 주었다. 그 목사는 십일조를 드리면서 하나님을 높이는 사람들에게 하나님이 어떻게 신실하게 공급하시는지를 강조하였다. 예배 후, 근근이 살아가는 사람들이 모인 이 작은 교회의 목사가 청빙 목사에게 솔직하게 고백했다. "사실, 우리 부부도 이제껏 몇 년 동안 십일조를 드릴 수가 없었습니다. 집세와 음식값을 겨우 낼 수 있을 정도로 근근이 살아가고 있습니다!"

청빙 목사는 동정하는 마음으로 귀 기울여 듣고 나서 새로 알게 된 목사를 도전의 눈빛으로 바라보았다. 그리고 1년 동안 수표를 지불하거나 돈을 쓰기 전에 먼저 십분의 일을 떼어 십일조를 드리도록 노력해 보라고 말했다. "만약 혹시라도 필요한 돈이 부족하면, 어찌되었든 간에…." 청빙 목사는 잠시 이야기를 멈추더니 자신의 명함에 집 전화번호를 흘려썼다. "내게 전화하십시오. 모자라는 돈은 아무 말 않고 내가 보충해 드리겠습니다."

1년이 지나 젊은 목사는 그 목사에게 전화를 걸어 놀라운 소식을 알렸다. "지난 1년 동안 목사님께 전화할 필요가 없었습니다. 우리는 주마다 목사님께서 말씀하신 대로 십일조를 먼저 따로 떼어 놓았습니다. 그렇지만 돈이 언제나 넉넉했습니다. 그냥 돈이 들어왔어요. 어떻게 된 건지 설명할 수는 없지만 언제나 필요한 돈이 있었어요."

"하나님을 찬양합시다, 형제님." 목사는 이렇게 말하고 나서 다음과 같이 쐐기를 박았다. "어떻게 하나님은 믿지 못하면서 내 말은 믿을 수 있었죠?"

십일조를 드리면 복 주시겠다고 하나님이 직접 우리에게 약속하셨다. "만군의 여호와가 이르노라… 그것으로 나를 시험하여 내가 하늘 문을 열고 너희에게 복을 쌓을 곳이 없도록 붓지 아니하나 보라"(말 3:10). 어떤 선교사는 빈민촌에서 부랑자들을 대상으로 사역하는 동안, 그들 중에 다른 사람에게 주거나 십일조를 내는 사람은 단 한 사람도 없었다고 말했다.

신약에서 이야기하는 너그러움이 십일조 이상의 것을 말하는 것이라면 우리는 어떻게 베풀어야 하는가? 다른 사람에게 베풀어야 할 때와 자기 자신과 가족에게 경제적인 책임을 다하기 위해 돈을 저축해야 할 때를 어떻게 알 수 있을까?

신약 성경이 말하는 원칙은 간단하다. 당신이 현재 처한 형편이나 가지고 있는 것은 모두 하나님의 것이라는 점이다. 예수님처럼 당신은 어떠한 일을 하든지 하나님의 뜻을 물어야 한다. "주님, 제가 여기 있습니다. 이 돈이 제가 가진 모든 것입니다. 제가 무엇을 하기 원하십니까?" 이처럼 그저 단순하게 물으라. 돈이 부족하면 돈을 주실 것인지, 얼마를 주실 것인지 물으라. 주께 순종하라.

신약의 베풂은 주의 말씀에 귀 기울이며 무엇을 하라고 하시든지 순종하고, 자신이 할 수 없는 부분은 하나님이 하신다고 믿는 전적인 순종에서 시작된다.

07 하나님의 경제학

벼랑 끝에 서는 용기 • *Daring to live on the edge*

하나님의 경제학

허름한 차림의 두 남자는 조그만 지도 조각과 사방을 번갈아 보면서 서둘러 걸었다. 어느 누구에게도 길을 물을 수가 없었다.

만약 1968년에, 지리를 모르는 채 불가리아 소피아에서 어딜 가야 한다면 아마 당신은 그곳에 가지 않았을 것이다.

두 사람은 어느 집으로 들어가서 어두운 계단을 따라 올라가 다락방 문을 두드렸다. 노년의 부인이 문을 조심스럽게 열더니 들어오라는 몸짓을 재빠르게 했다. 작은 다락방은 얼핏 보기에도 부인의 가난한 형편을 말해 주었다. 벌거벗은 전구가 침대와 작은 식탁과 두 개의 의자, 그리고 지붕이 새는 것에 대비해 놓아둔 몇 개의 양동이 위로 희미한 불빛을 비추고 있었다.

두 사람은 자신들이 덴마크 그리스도인 얀과 피터임을 밝히고 주머니 속에 있는 불가리아 화폐를 꺼내 부인의 손에 쥐어 주었다.

"이 돈은 이곳에서 사는 그리스도인들, 특별히 목사님의 사모님들을 위한 돈입니다." 얀이 설명했다.

"아, 정말 고마운 분들이군요!" 부인은 탄성을 지르며 일 때문에 마디마디가 불거진 손으로 돈을 꼬옥 쥐었다. "기도 응답이 이렇게 이루어지다니! 그것도 아이들의 기도가!" 얀은 부인의 감정이 갑자기 북받치자 잠시 주춤했다. 혹시 집에 도청장치가 있지 않을까 하는 불안 때문이었다. 그는 자신들이 하고 있는 일이 불법이라는 것을 알았다. 그러나 불가리아에서는 많은 목사들이 아무런 부양 수단도 없이 가족들을 남겨둔 채로 옥에 갇혀 있다는 것도 알고 있었다. 다른 그리스도인들은 대부분 예수를 믿는다는 이유로 비천한 일을 할 수밖에 없는데다가 대부분 대가족이었다. 그래서 외국인들이 먹을 것과 입을 것, 집세를 가져다주었다. 그 부인은 필요한 곳에 돈을 전해 줄 수 있는 믿을 만한 사람이었다.

얀과 피터가 막 떠나려고 하는데 부인이 붙잡았다. "이대로 가실 수는 없습니다! 아무런 대접도 못 했는데 떠나시면 안 돼요." 두 사람은 주변을 둘러보았다. 이처럼 속일 수 없이 가난한 집에서 무슨 대접을 바랄 수 있을까? "아닙니다. 좀 전에 먹고 왔어요. 가야 합니다."

그러나 부인은 한사코 두 사람을 식탁 앞에 앉혔다. 부인은 두 사람 앞에 바닥이 평평한 평범한 유리잔을 놓고는 작은 찬장 안에서 1급 접대 음식을 꺼냈다. 조그마한 잼 단지였다. 부인은 잔에 찬물을 붓고 나서 손님들에게 잼을 몇 스푼 대접했다. 한 잔의 물과 몇 스푼의 잼. 그것이 전부였다.

그러나 그 풍성함을 어떻게 이해할 수 있을까? 값을 매길 수 있는 것이 아니었다. 너그러운지 아닌지는 가지고 있는 것에서 얼마를 주느냐에 따라 알 수 있다. 그 부인은 예수님이 말씀하신 두 렙돈을 연보궤에 넣은 과부처럼 매우 넉넉한 마음을 가진 사람이었다.

해마다 미국 사람들은 GNP(국민총생산)의 2퍼센트에 해당하는 돈을 구제금으로 내놓는다. 최근 미국의 GNP는 9백 억 달러였다.[1] 세계에서 가장 부유한 나라라면 마땅히 가난한 사람들을 도와야 한다. 그러나 어떤 사람이 돈을 기부하는지를 보면 매우 놀랍다.

1988년에 워싱턴의 한 리서치 회사가 조사한 바에 의하면 연소득 중 가장 많은 비율을 기부하는 사람들의 평균 소득은 연소득 1만 달러가 채 안 되는 사람들이었다.[2]

인구조사국의 발표도 똑같았다. 연소득 1만5천 달러정도 되는 사람들은 퍼센트로 따질 때, 연소득이 10만 달러 이상 되는 사람들보다 두 배 이상 기부하는 것으로 드러났다.[3]

많은 돈을 기부하는 사람들이 줄어들고는 있지만 조금이나마 정성스럽게 기부하는 사람들이 아직 많이 있다.

믿음으로 베풀기

바울이 살던 시대도 그와 같았다. 바울은 마케도니아 교회를 예로 들면서, 환난의 많은 시련과 극한 가난 속에서 넘치는 기쁨이 "저희로 풍성한 연보를" 넘치게 하였다고 말했다(고후 8:1-5). 마케도니아 교인들은 힘대로 할 뿐 아니라 힘에 지나도록 자원하였으며, 다른 지방에 사는 성도를 돕는 일에 참여하길 바란다고 바울에게 구하였다. 고린도후서 8장에 나온 이 구절들은 성경이 말하는 너그러움의 몇 가지 측면을 보여준다.

- 결코 법으로 정한 것이 아니라 전적으로 자원하는 것이다. 개인 소유는 유지되지만 함께 나누고 싶은 것을 거저 나누어 주는 것이다(3절;행 2:43-47).
- 단지 구제하는 데서 제외되지 않으려는 것이 아니라 풍성하게 베푸는 것이다(2-3절).
- 비록 힘에 지나고 돈이 너무 많이 드는 일이라 할지라도 하나님이 말씀하시는 것이기 때문에 베풀고 주는 데에는 굉장한 기쁨이 있으며 즐거움도 있다(4절;고후 9:7).
- 먼저 하나님을 사랑하는 마음에서, 그리고 사람들을 사랑하는 마음에서 우러나오는 것이다(5절).

이처럼 믿음으로 베푸는 것은 언제나 하나님이 보상해 주신다. 그러한 베풂은 너그러운 마음에서 우러나오며 너그러움은 재정 외에 다른 부분까지 확대되는 태도다. 너그러운 마음을 지닌 사람이라면 시간을 내고, 용서하고, 가르치고, 영향을 미치고, 사람들과 관계하는 것 등을 포함해 하나님이 주신 모든 것에 너그러울 것이다.

공급하실 것에 대한 하나님의 계획

우리는 앞장에서 베푸는 것이 하나님을 예배하는 한 형태임을 보았다. 하나님은 사람들에게 공급하는 것을 포함해서 우리가 너그럽게 베풀 때 나타나는 몇 가지 실제적인 결과들을 계획해 두셨다. 성경은 하나님이 사람들에게 공급하시는 것을 여러 방법으로 보여준다. 우리는 다음 중 한 부류에 속한다.[4]

- 돈을 버는 사람.
- 가난한 사람.
- 단체로부터 파송된 사람.
- 하나님만 의존하는 만나 백성.

돈을 버는 사람

하나님은 아담에게 땀을 흘려야 식물을 먹게 될 것이라고 말씀하셨다. 이 말씀은 타락 이후에 주신 첫 명령이었다. 이 범주에는 재화와 용역을 생산하기 위해 일을 하는 많은 사람들이 해당된다. 목사나 복음 전도자들도 사례비를 받는데 대한 용역을 제공하기 때문에 이 부류에 속한다고 할 수 있다. 전임 사역자들이 마땅히 삯을 받아야 한다는 원칙은 예수님(눅 10:7)과 바울(고전 9:7-14, 딤전 5:17-18)이 인정한 것이었다.

얼마 전 한 젊은 목사가 자기는 현명한 투자를 해서 몇 년 안으로 사례비를 받지 않고 목회를 하는 것이 목표라고 했다. 얼핏 듣기에는 그럴 듯하게 들린다. 그 목사는 사례비를 지불할 수 없는 사람들에게 가서 목회 활동을 할 수 있을 것이다. 누구에게 도움을 받을까 걱정할 필요 없이 자신이 원하는 목회를 할 수도 있을 것이다. 나는 그의 동기에 대해서는 묻지 않았지만 그것이 과연 지혜로운가에 대해서는 묻는다. 그것은 실제로 사람들이 말씀을 전하는 사람들에게 그 삯을 주어야 한다는 성경의 원칙을 무너뜨리는 것이다.

가난한 사람

가난한 사람들의 부족함은 우리가 아낌없이 베풀어 채워주어야 한다. 성경은 개인의 소유권을 인정하지만, 세금을 내게 하거나 비인격적인 국가의 구제책을 통해 부를 재분배하기보다는 우리 스스로가 가난하고 불쌍한 사람들에게 아낌없이 베풀 것을 말씀한다.

성경은 가난한 사람들이 늘 우리와 함께 있을 것이라고 말한다. 거기에는 여러 가지 이유가 있다. 아무 잘못 없이 가난해진 사람들도 있고 자신의 잘못으로 가난해진 이들도 있다. 그러나 이유야 어떻든 우리는 가난한 형제에게 마음을 강퍅히 하지 말아야 하며(신 15:7, 11, 요일 3:17) 변명을 하거나 빈손으로 돌려보내지 말아야 한다(약 2:16). 예수님은 받을 만한 사람에게만 주라고 말씀하지 않으셨다. 예수님은 "그 사람이 사회 복지금을 속여 받아먹거나 돈을 잘못 쓰는 사람이 아니라면… 네게 구하는 자에게 주어라"고 말씀하지 않으셨다. 분명히 예수님은 "그에게 주라"고 말씀하신다. 주는 것은 자비를 베푸는 행위이며, 자비는 결코 상대의 기준에 따라 베푸는 것이 아니다.

> 네 형제가 가난하게 되어 빈 손으로 네 곁에 있거든 너는 그를 도와 거류민이나 동거인처럼 너와 함께 생활하게 하되(레 25:35).

어린 시절 우리 집은 캘리포니아 앨 센트로의 시민공원이 있는 거리 건너편에 살았었다. 그때는 어려운 시기였기 때문에 집이 없어 공원에서 잠을 자는 사람들이 1백 명 정도가 있었다. 그들은 자주 우리 집 뒷문에 와 손에 모자를 들고는 먹을 것을 구했는데, 나는 어머니가 그들을 그냥 되돌려 보내는 것을 한 번도 본 적이 없다. 우리도 먹을 것이 모자랐고 교인들이 주마다 내는 십일조와 헌금에 의지하여 살았지만 어머니는 그들에게 먹을 것을 주셨고, 공원에서 잘 때 춥지 않게 이따금 담요도 빌려주셨다.

사람들을 돕는 방법에는 여러 가지가 있는데, 방법에 따라 지속적인 효과를 볼 수도 있다. 성경에서는 게으름뱅이와 억압받는 가난한 사람들을 뚜렷이 구분 짓는다. "일하기 싫어하거든 먹지도 말게 하라"(살후 3:10). 그러므로 우리는 가난한 사람들이 스스로 먹고살 수 있도록 힘써 도와야 한다. 그러나 가장 중요한 점은 우리가 마음을 강퍅하게 하지 말아야 하며 도와주어야 하는 책임을 합리화시켜 회피하지 말아야 한다는 것이다.

주님은 가난한 이들을 베푸는 사람들에게 여러 가지 약속을 주신다. 다음은 그에 관한 몇 가지 약속들이다.

- 가난한 사람들에게 주는 것은 하나님께 빌려 드리는 것이다(잠 19:17).
- 나누어 주면 더욱 부하게 될 것이다(잠 11:24).
- 복을 받을 것이다(잠 22:9).
- 네 어두움이 낮과 같이 될 것이다(사 58:10).
- 윤택해질 것이다(잠 11:25).

- 너희 모든 쓸 것을 채우실 것이다(빌 4:19).
- 네 아버지께서 갚으실 것이다(마 6:4).
- 재앙의 날에 여호와께서 저를 건지실 것이다(시 41:1).
- 네 창고가 가득 찰 것이다(잠 3:10).
- 궁핍하지 아니할 것이다(잠 28:27).
- 하늘의 보화가 네게 있을 것이다(마 19:21).
- 여호와를 알게 될 것이다(렘 22:16).
- 너희와 하나님이 주신 너희 땅이 축복을 받을 것이다(레 26:5).

주님은 또한 우리가 심판 날 주님 앞에 설 때 가난한 사람들을 어떻게 대하였는가가 우리를 심판하시는 하나의 기준이 될 것이라고 말씀하셨다(마 25:31-46).

단체로부터 파송된 사람

선교사라고 하면 토피(인도의 헬멧)를 쓰고 멀리 떨어진 정글 섬에 있는 나무 아래서 원주민들에게 말씀을 전하는 것으로만 생각하기 때문에 선교사 대신 '보내심을 받은 자'란 말을 쓰고 싶다. 선교사 missionary라는 말의 어근은 보내심을 받은 자들을 뜻한다.

이들은 한 단체에서 이기심 없이 다른 단체를 돕기 위해 보낸 사람들이다. 보내심을 받은 자는 디트로이트 빈민가로 파송된 사람일 수도 있고 지상명령을 이루어 나가는 세계적 움직임을 추적하기 위해 스위스에 컴퓨터 데이터 뱅크를 세우러 나갔을 수도 있다. 아니면 아마존 강에서 가장 멀리 떨어져 있어 손길이 닿지 않는 종족에게로 복음을 들고 갈 수도 있다.

보내심을 받은 자들에게 아낌없이 베푸는 사람들은 개인적으로 직접적인 이익을 보지는 않는다. 그들은 하나님을 사랑하고, 또 잃어버린 영혼들이 복음을 가지고 가는 사람들에게 급여를 줄 리가 없다는 것을 알기 때문에 보내심을 받은 자들을 너그럽게 베푼다. 로마서 10장 14-15절에는 "그들이… 전파하는 자가 없이 어찌 들으리요 보내심을 받지 아니하였으면 어찌 전파하리요"라고 기록되어 있다. 복음을 전하라고 보내심을 받은 자들에게 너그럽게 베푸는 것이 하나님께서 의도하신 뜻이다(요삼 6-8).

하나님만 의존하는 만나 백성

하나님이 특별한 목적으로 부르신 사람들이 있는데 그들의 필요는 하나님이 직접 채워주신다. 광야에서 만나를 받은 이스라엘 백성과 까마귀가 먹을 것을 가져다 준 엘리야의 경우처럼 하나님의 직접적인 보호는 잠깐의 특별한 상황이나 하나님이 그분 자신의 힘을 놀라운 방법으로 드러내실 때 나타난다.

YWAM도 그러한 공급하심을 경험했다. 175명의 YWAMer들은 그리스에서 발동기선 아나스타시스호의 자선 항해를 준비하던 중에 하나님의 직접적인 공급하심을 보았다. 어느 날 아침이었다. 재정적으로 조금 어려운 때였는데 8,301마리의 물고기가 YWAM의 숙소 앞 해변가로 튀어 올랐다. 사람들은 조심스럽게 소금 간을 해서 여러 달 동안 두고 먹을 수 있게 했다. 물고기가 왜 물 밖으로 튀어 나왔는지는 아무도 알 수 없었다. 그 지역에 사는 그리스도인들이나 심지어 그 지역에서 가장 오래 산 사람조차 그런 것을 본 적이 없었다고 한다. 놀랍게도 그 물고기는 YWAM의 숙소 앞에만 튀어 올랐다. 마치 하나님이 만나를 공급하시는 것과 같았다.

첫 장에서 소개했던 알바니아로 건너간 레오나 피터슨에게도 이상한 사건이 일어났다. 레오나는 전도 여행 중에 실리아라는 친구와 함께 에든버러에 있었는데 다음 날 나룻배를 타고 헤브리드스 섬으로 가기로 되어 있었다. 그런데 돈이 떨어져 하나님께 공급해 달라고 기도했다. 그러나 아는 사람 하나 없는 이 도시에서 하나님이 24시간 안에 어떻게 그 일을 하실까?

두 사람은 한낮에 오고가는 사람들 사이에 섞여 프린스 거리의 보도 위를 걸어가다 교차로에 멈춰 서서 신호가 바뀌기를 기다리고 있었다. 레오나는 보도에서 발을 막 떼면서 우연히 밑을 쳐다보았다.

"이봐, 실리아!" 레오나가 소리쳤다. "내 신발을 좀 봐! 어떻게 저기 들어갔을까?" 레오나는 몸을 구부려 구두끈 사이에 끼어있는 1

파운드짜리 지폐를 꺼냈다. 그러고 보니 발밑에 지폐가 또 한 장 보였다. 그들은 거리를 둘러보았다. 뒤돌아보는 사람은 아무도 없었다. 게다가 누군가 돈을 떨어뜨렸다면 어떻게 지폐 한 장이 구두끈 사이에 끼일 수 있었겠는가? 그날은 돈이 날아가서 신발에 꽂힐 만한 바람도 전혀 없었다. 그 돈은 뱃삯을 비롯해 헤브리드스 섬에서 필요한 비용과 딱 맞아떨어졌다. 두 사람은 하나님께서 레오나의 구두끈과 발밑에 돈을 두신 것이라고 확신했다.

왜 이러한 일은 드물게 일어나고 아주 특별해서 믿기조차 어려운가? 하나님은 실제로 땅에 먹을 것을 내려 주시면서 40년 동안 사막에서 기적적으로 백성들을 먹이셨다. 하나님은 베드로에게 돈을 주려고 물고기 입에 동전을 넣어 두셨다. 그런데 왜 이러한 일을 자주 행하지 않으시는가? 거기에는 몇 가지 이유가 있다. 하나님은 다른 사람들의 부족함을 채우시기 위해서 사람을 쓰신다. 우리의 필요를 채우는 것뿐 아니라 그것을 통해 더 많은 일을 하려 하시기 때문이다. 하나님은 우리가 서로 나눔으로써 하나 되게 하신다. 이에 관한 것은 다음 장에서 좀 더 자세하게 볼 것이다.

하나님이 사람을 쓰시는 또 한 가지 이유는 받는 것보다 주는 것이 더 복되다는 진실을 가르쳐 주고 싶어서이다. 하나님은 우리가 너그럽게 베푸는 축복을 배우길 바라신다. 그러할 때 우리는 하나님을 닮아간다. 하나님은 베푸는 것을 좋아하시기 때문에 즐겨 내는 자를 사랑하신다(고후 9:7). 참된 너그러움은 사심이나 이기적인 동기, 조정하려는 욕망 없이 거저 주는 것이다. 즐겨 주는 사람은 그저 줄 뿐이며 하나님이 자기의 잔을 채우셔서 다시 베풀 수 있도록 자신을 하나님께 내어 드린다.

코리 텐 붐 여사는 1983년에 작고하기 이전까지 YWAM에서 자주 가르치셨다. 너그럽게 베푼 것을 하나님이 어떻게 보상해 주시는가에 대한 코리 여사의 간단한 설명을 결코 잊을 수 없다. 그분은 훈련을 받고 있던 젊은 선교사들 앞에 서서 모래로 가득 찬 병 두 개를 내놓았다. 한 병은 입이 좁았고 다른 하나는 입이 넓었다. 코리 여사는 입이 넓은 병을 들어 모래를 쏟았다. 모래가 교탁 위로 빠르게 쏟아져 나왔다. 그러고 나서 입이 작은 병의 모래를 쏟아 내기 시작했다. 모래는 조금씩 쏟아졌고 병이 다 비기까지 오랜 시간이 걸렸다.

코리 여사는 모래가 가늘게 쏟아져 나오는 것을 보며 말했다. "학생 여러분이 보듯 이 병은 일부 그리스도인의 모습과도 같습니다. 그들은 하나님께 드리기는 하지만 재빨리 드리지도 않을뿐더러 기꺼이 드리지도 않습니다. 그러나 어떤 일이 일어나는지 보십시오." 코리 여사는 그 과정을 반대로 하기 시작했다. 입이 넓은 병은 금방 차서 넘쳤지만 입이 작은 병은 채우는 데에도 시간이 오래 걸렸다. 천천히 쏟아 내고 천천히 들어갔던 것이다.

당신은 어떤 병이 더 마음에 드는가?

08 선교 후원과 예수님의 방법

선교 후원과
예수님의
방법

하나님은 왜 이 땅에 사는 그분의 자녀들에게 필요한 재정을 재빨리 공급해 주시지 않는가? 하나님은 하나님을 사랑하는 억만장자로 하여금 고액의 수표를 발행하여 지상명령을 이루는 일을 재정적으로 돕게 하실 수 있는 분이다. 또 하나님을 사랑하는 믿을 만한 사람을 보물이 감춰진 곳 앞에서 넘어지게 하시거나, 그로 하여금 갑자기 큰 돈을 벌게 하여 그 돈을 모두 주의 일에 쓰게 하실 수도 있다.

그런데 하나님은 왜 그의 사랑하시는 백성이 천만 달러짜리 복권에 당첨되게 하지 않으시는가? 선교를 하면서 어떻게 자신에게 맡겨진 일을 해나갈 수 있을까 걱정하며 눈물을 흘려 본 사람이라면 누구나 틀림없이 이 같은 질문을 던졌을 것이다.

한 선교사가 좌절하여 이렇게 소리쳤다. "한 번도 넉넉한 재정을 가지고 일해 본 적이 없어. 마치 하나님이 내 한쪽 손을 등 뒤로 묶으신 채 많은 일을 하라고 하시는 것 같아! 불공평하다구!"

왜 선교사들은 선교 편지를 쓰는가? 아마 선교사들 대부분은 고국에 있는 이들에게 선교 편지를 쓰는 것이 때로 짜증스러울 수도 있을 것이다. 답장을 하는 사람도 거의 없지 않은가. 게다가 선교 편지를 쓰려면 사역을 하면서 한 달에 하루나 이틀 정도를 따로 내서 거기에만 매달려야 한다. 하나님의 일을 하는 일꾼은 몇 안 되고 그 몇 사람이 맡은 일은 아주 많다.

세상에서 가장 중요한 일을 왜 이런 식으로 해야 하는가? 우리는 사역과 재정에 대해 하나님의 관점을 가져야 한다. 우리의 관심사는 대개 우리가 하는 사역과 그 목적을 달성하는 데 필요한 돈을 어떻게 얻느냐 하는 것이다. 결국 이 두 가지 모두 하나님의 일을 하기 위한 것이 아닌가.

그렇지만 하나님은 전혀 다른 생각을 가지고 계신다. 하나님의 가장 큰 관심사는 관계를 회복하는 것이다. 우리와 하나님과의 관계가 회복되고 사람들끼리의 관계가 회복되는 것을 중요하게 여기신다. 그렇기 때문에 우리가 하나님의 일을 하는 동안 다른 사람들에게 재정적으로 의지하게 하셨다.

예수님은 이 일에 본을 보이셨다. 예수님은 성인이 되어 처음에는 목수 일로 생계를 유지하셨지만, 3년 전임 사역 기간 동안에는 예수님과 제자들을 "헤롯의 청지기 구사의 아내 요안나와 수산나와 다른 여러 여자가 함께하여 자기들의 소유로 그들을 섬기"(눅 8:3)였음을 알 수 있다.

하나님의 일에 사용하도록 베풀 때 놀라운 일이 많이 일어난다. 뉴올리언스 이야기는 우리가 베풀 때에 하나님이 하시는 일을 보여 준다. 열 살인 리사Lisa는 차고에서 열린 벼룩시장에서 일을 하여 15달러를 벌었다. 리사는 사탕이나 장난감이나 옷을 사는 대신에 그 돈을 도심 빈민가에서 사역하는 YWAM 소속의 시골 선교사인 척 모리스에게 주기로 마음먹었다. "이 돈을 선교에 써 주세요." 이 어린 소녀는 자기가 번 돈 15달러를 선교사에게 건네주었다.

척은 열 살짜리 아이에게 15달러가 얼마나 큰돈인지 생각하면서 돈을 어디에 사용할 것인지를 곰곰이 생각했다. 그는 데이비드를 떠올렸다. 데이비드는 열 살 된 남자 아이로 한 번도 일자리를 얻어 본 적이 없이 시민 공원에서 잠을 자며 살아온 아이였다. 마침 그에게 하나님을 전하려던 참이었다. 데이비드는 일자리를 얻고 싶었지만 루이지나에서 일자리를 얻으려면 갖고 있어야 하는 신분증명서를 마련할 돈이 없었다. 척은 리사가 내놓은 15달러를 신분증명서를 만드는 데 쓰기로 했다. 그리하여 데이비드는 급여를 받으면서 일을 하게 되었고 자존감을 회복하였다.

이후에 척은 리사에게 리사가 내놓은 15달러가 데이비드에게 얼마나 귀한 것이었는가를 적은 편지와 함께 데이비드의 사진을 보냈다. 그로부터 몇 주 후에 데이비드도 리사에게 감사의 편지를 써서 일자리를 얻었음을 알렸다. 리사는 요즘 자신이 하나님께 드린 것이 한 사람의 삶을 바꾸는 데 사용되었다는 것을 깨달으며 데이비드를 위해 꾸준히 기도하고 있다.

많은 이야기 중에 하나겠지만 이 이야기는 재정에 관해 하나님이 기본적으로 어떻게 생각하시는가를 말해 준다. 하나님의 회계 장부에서 가장 중요한 사항은 '관계'다. 하나님은 주시면서 자신의 사랑을 나타내 보이신다. 그분은 역사상 가장 아낌없는 너그러운 행위로 독생자를 주셨을 뿐 아니라 우리들 한 사람 한 사람에게 끊임없이 주고 계신다.

성경은 온갖 좋은 은사와 온전한 선물이 다 위로부터 빛들의 아버지께로부터 내려온다고 말씀한다(약 1:17). 다른 사람에게 베풂으로써 하나님께 우리의 사랑을 다시 드리는 것이다. 베푸는 것은 하나님과 우리와의 사랑의 관계를 굳게 할 뿐 아니라 우리의 베푸는 마음과 우리의 도움을 받는 사람을 맺어준다.

마음을 잇는 헌금

예수님은 우리가 재물을 쌓아 두는 곳에 우리의 마음도 있다고 말씀하셨다. 자신의 '보물'을 선교하는 데 쓰도록 내어놓을 때 우리의 마음은 그들과 함께 있을 것이다. 우리는 뉴올리언스의 이야기에서 본 어린 소녀 리사처럼 선교사들을 위해 기도할 책임을 느끼게 될 것이다. 그곳은 지구 반대편에 위치한 한 번도 가보지 않은 지역일 수도 있다. 하지만 우리가 드리는 헌금으로 인해 우리는 그곳에서 일하는 사람들과 더 가까워지고, 그곳에서 하나님이 행하시는 일들에 대해 더 관심을 갖게 된다.

또한 헌금을 받는 사람에게 중요한 일이 일어난다. 누군가 자신에게 헌금을 할 때, 특히 자신과 자신이 하는 일을 위해 사람들이 희생적으로 헌금했음을 알 때에는 조심스러워진다. 그래서 자신을 믿고 헌금한 사람들의 믿음을 저버리지 않으려고 애쓴다. 누구나 이런 경험을 하는 것이 중요하다. 받은 것을 갚을 수 없고 그저 베푼 사람에게 감사하여 하나님께 그 사람에게 복주시라는 기도밖에 할 수 없을 때, 사람들은 자존심 때문에 그런 입장에 서길 꺼린다. 차라리 스스로 부족한 것을 해결하려고 한다.

나는 자신이 하려는 일에 대한 비용을 스스로 해결할 수 있을 때에 선교를 하고 싶다는 사람들과 여러 번 이야기를 나눈 적이 있다. 그렇지만 설사 빚을 지지 않고 자기 돈으로 하나님의 일을 할 수 있게 되더라도 그런 사람은 누군가가 하나님이 주라고 했다면서 주는 돈을 받았을 때 생기는, 마음과 마음을 겸손하게 이어주는 그런 놀라운 경험을 맛볼 수 없다.

후원자와 선교사는 특별한 끈으로 맺어진다. 선교사는 후원자를 염려하며 기도한다. 한 번도 자신에게 후원하지 않은 사람을 위한 기도와 자신을 위해 후원하는 사람을 위한 기도는 다르며 또한 선교사는 자연스럽게 선교에 관한 소식을 후원자와 함께 나누고 헌금이 어떻게 주님의 일에 쓰였는가를 알린다.

이 모든 것은 그리스도의 몸 안에서 서로 주고받게 하신 하나님의 방법 때문에 가능하다. 모든 사역에는 돈이 필요하기 때문에 하나님은 우리 모두가 관계 안에서 함께 일하고 서로의 필요를 채우게 하셨다. 즉, 직장에서 일하는 사람들은 사역에 필요한 돈을 채워주는 동시에 자신의 비전이 커지고 하나님의 관점으로 세상을 보는 경험을 한다. 이것이 바로 직장에서 일하는 사람들은 헌금을 통해, '직접 나가서' 선교하는 사람들은 선교 보고를 할 때에 일어날 수 있는 일이다. 이렇게 할 때 사방에서 기도의 불이 붙어 어떠한 일을 하든지 반드시 필요한 영적 전쟁을 하게 될 것이다. 선교사들이 헌금에 의지하지 않거나, 사람들이 하나님의 일이 계속 진행되도록 헌금을 하지 않으면 이러한 일은 결코 일어나지 않는다.

허덕이며 힘들게 살아가는 선교사나 목사들에게는 거의 불가능한 소리처럼 들리겠지만, 만약 엄청난 규모의 재단이 사역을 지원하거나 억만장자가 거액의 수표를 써준다면 사역은 실패하게 될 것이다.

선교사에게는 돈보다 더 필요한 것이 있다. 그것은 바로 재정으로 후원하면서 하나님 나라가 확장되기를 기도하고, 헌금과 중보 기도를 통해 선교사들과 함께 영적 전쟁에 참여하는 사람들이다.

선교 헌금을 위한 30일/30명 계획

아프리카에 있을 때 짐바브웨에서 온 아키 구비라는 젊은이가 내게 다가와 물었다.

"로렌, 하나님께서 나를 선교사로 부르셨어요. 그러나 나는 재정적으로 도움을 받을 길이 없어요. 우리 마을 사람들은 선교사에게 헌금해야 한다는 생각을 하지 못해요. 어떻게 하면 좋을까요?"

"그렇다면 당신이 사람들을 가르쳐야 해요. 세상에 나가 모두에게 복음을 전하라는 말씀이 그들의 언어로 된 성경에는 나와 있지 않은가요?

그가 가난한 고향 사람들은 자기가 선교사로 나가도록 도울 수 없을 것이라며 망설이길래 나는 짐바브웨에서 탄산음료가 얼마냐고 물었다. "25센트인데요." "아키, 더운 낮에 집으로 찾아가서 콜라 한 잔을 달라고 할 만한 사람이 25명이 됩니까?" 내가 또 물었다.

"그럼요."

"그들이 날마다 그렇게 할까요? 그만큼 당신과 친하고 당신을 좋아합니까?"

"그렇다고 생각해요." 아키가 대답했다.

"그렇다면 하루에 콜라 한 잔 만큼의 돈을 당신에게 주겠다는 사람들을 25명 모아 봐요."

나중에 나는 아키가 선교사가 되었다는 소식을 들었다. 한 달은 30일이니 30명을 모으라고 말했어야 했지만 25명을 모으라고 한 것처럼, 이런 방법은 조금만 조율하면 어디서든 얼마가 필요하든 효과가 있을 것이다.

모든 선교사들이 자신이 하루 동안 주님의 일을 하는 데 드는 비용을 책임질 30명을 세운다면 어떻게 될까? 그 30명은 자신의 보물을 둔 곳에 마음을 두어 선교사를 위해 기도하고 믿으며 격려가 필요할 때 지지해 줄 것이다.

어떤 갑작스런 일이 생기거나 특별 기도가 필요한 위기 상황이 생기면 어떻게 하겠는가? 선교사는 30명에게 기도 요청을 할 수 있으며, 또 그 30명은 각각 다른 열 사람과 기도 모임을 만들 수 있을 것이다. 30명이 저마다 열 사람에게 기도 부탁을 한다면 3백 명의 사람이 선교사를 위해 기도하게 되는 것이다.

YWAM처럼 지경을 넓혀 가라. YWAM은 후원에 의지하여 세계 곳곳에 복음을 전하는 일을 한다. 우리를 위해 기도하는 사람들이

30만 명에서 3백만 명까지 될 수 있다.

이 방법은 또한 일반적인 몇 가지 문제를 해결할 수 있다. 나는 도와달라는 여러 선교사들의 요청에 힘겨워하는 목사들을 세계 곳곳에서 보아왔다. 도와주고는 싶지만 성도들에게 선교 헌금을 내라고 말하는 데 어려움을 느끼고 있었다. 낯선 선교사들을 돕는데 헌금하라고 설득하는 부담을 지는 것이다.

개인 후원이 아닌 교회나 단체에서 후원하는 것에는 또 다른 문제들이 있다. 나는 후원 교회의 목회자가 갑자기 바뀌어 선교지에서 돌아가야 한다는 사실에 좌절하는 선교사들을 자주 보았다. 새로 부임한 목회자가 선교사를 모르거나 선교사가 하는 일을 이해하지 못하기 때문이다. 교회가 긴축 재정으로 돌아서게 되어 후원이 끊기기도 한다. 더 안타까운 것은 교회가 나뉘거나 해체되는 바람에 선교사가 고립된 경우다.

그렇지만 30일/30명 계획에서처럼 개인적으로 관계를 맺고 후원을 받는다면(지역 교회를 통해서 헌금을 받는다고 하더라도) 후원하던 한 사람이 죽거나 파산하거나, 또는 다른 이유에서 후원이 중단된다고 해도 선교사는 새로운 후원자가 생길 때까지 한 달에 하루만 금식하면 된다! 후원자를 한꺼번에 잃는 것보다 한 명씩 바꿔가는 게 훨씬 쉽지 않겠는가? 하지만 무엇보다도, 이렇게 선교라는 목적으로 각 사람과 한마음이 될 때 생기는 우정을 생각해 보라.

선교 후원의 유익과 예수님의 방법

예수님은 단체나 재단 등 인격체가 아닌 곳으로부터 도움을 받지 않으시고, 아는 사람들에게 도움을 받으셨다. 개인이 아닌 단체나 재단이 선교를 돕는 것이 성경에 어긋난다는 말은 성경 어디에도 없다. 그러나 사람들로 하여금 직접 선교사들을 돕게 하시는 데에는 여러 가지 유익이 있다.

- 선교 헌금을 하는 사람들에게 다른 사람의 선교 사역에 참여한다는 기쁨이 있다. 조직적인 기구와 기구가 아닌, 사람들 간의 마음과 마음이 맺어진다.
- 선교사와 후원하는 사람들 사이에 직접적인 책임 관계가 형성된다.
- 선교 헌금을 하는 사람들은 자기가 돕는 선교사와 정기적으로 소식을 주고받으면서 선교에 관한 정보를 직접 빠르게 얻는다.
- 마음이 맺어져 있는 헌금은 경기가 침체되거나 어려운 때에도 쉽게 영향을 받지 않는다.
- 마음이 맺어진 헌금은 더 '굉장하거나' '깜짝 놀랄 만한' 선교를 하는 사람들뿐만 아니라 모든 선교사들에게 필요한 도움을 받을 기회를 준다.

작고한 도널드 맥가브란 박사는 풀러신학교의 선교학 권위자였다. 그는 수천 개의 작은 선교 후원회를 만들어 직접 한두 명의 선교사들과 함께 개인적 관계를 맺으라고 권면했다. 교회가 선교사들의 명부를 만들어 선교사들을 후원하는 전통적인 방법에는 여러 가지 불리한 점들이 있기 때문이다. 실제로 선교사들의 이름을 아는 교인이 거의 없다. 어떤 때는 후원을 받는 선교사가 교회를 방문한 지 8년, 10년이 지나기도 한다. 이런 방문도 그저 교회와의 만남일 뿐 사람들은 선교사를 개인적으로 알지 못한다. 매우 분주한 교회 비서나, 선교 후원회 회장 외에는 아무도 선교 회보를 읽지 않는다. 하지만 그들 역시 선교사를 한 번도 만나지 못했을 수도 있다.

심지어 교인들에게 선교 헌금에 대한 동기 부여를 해야겠다고 마음먹은 목사들도 이런 구조 속에서는 어려움을 겪을 수밖에 없다. 어떤 목사들은 선교사를 강사로 초청해서라도 교인들을 자극해야 교인들이 선교 모임을 지루하게 생각하지 않고 참석할 것이라고 한다.

노르웨이 사람들의 시도

최근에 내가 느낀 가장 혁신적인 개혁은 노르웨이의 YWAM에서 일어났다. 노르웨이 YWAMer들은 'Go Fellowship' 모임을 시작했다.

새로운 선교사들을 파송하기 위한 목적으로 만든 작은 후원회였다. 이 모임에는 몇 가지 특징이 있다.

- 한 모임이 한 선교사를 후원한다(이미 노르웨이 여러 지역에서 28개의 비슷한 모임이 활동 중이다).
- 모든 모임은 그리스도의 몸 안에서 최대한 협력하기 위해 적어도 두 교파 출신의 사람들로 구성되어 있다.
- 한 주에 한 번씩 만나 모임에서 돕는 선교사를 위해 기도한다. 또한, YWAM 국제 본부에서 온 소식뿐 아니라 그 주에 선교사에게 온 편지를 읽는다. 또 한 달에 한 번씩 YWAM의 '세계의 전망'(Global Perspective)이라는 비디오 선교 보고를 본다.
- 복음의 손길이 닿지 않아 선교사가 필요한 곳의 사람들을 위해 기도한다. 때로는 복음이 미치지 않고, 보낼 선교사가 채 정해지지 않은 곳에 사는 이들을 위해서도 기도한다.
- 노르웨이 YWAM 선교회를 위해 국제 선교 본부에 기도 후원회 모임 진행 책임자를 전임으로 둔다. 언제라도 세계 전도에 대한 새로운 소식을 이 모임에 계속해서 알려주기 위함이다.

그 모임들의 샘솟는 힘을 상상할 수 있는가? 그들은 해마다 모임 수를 늘릴 예정이며 10년 안에 1천 개의 모임을 만들어 1천 명의 선교사를 파송할 계획을 가지고 있다. 나는 이 모임의 사람들이 불꽃처럼 타올라 자신이 속한 지역 교회에서 어떠한 방법으로든 선교 활동을 적극적으로 밀고 나가게 되리라고 확신한다. 선교사들을 방문하는 데 휴가를 사용하는 사람들도 있을 것이고 결국에는 많은 사람들 스스로가 선교사로 나갈 것이다.

실수할 자유와 하나님께 순종할 자유

일부 목사들은 사람들이 자발적으로 선교 헌금에 직접 참여하는 것을 두려워한다. 교인들이 헌금할 때에 어느 정도 통제력을 상실하기 때문이다. 하지만 통제력을 잃는 것도 너그럽게 주는 것을 부분적으로 표현하는 것이 아닌가. 너그럽게 줄 때에는 통제력을 잃게 마련이다.

이것은 주님이 내게 급여를 받지 않고 일하는 선교 단체를 만들라고 말씀하셨을 때 맞닥뜨렸던 시험이었다. 우리는 급여를 주지 않기 때문에 구성원들을 고용하거나 해고할 수 없다. 나는 세상에 널리 퍼져 있는 6~7천 명의 전임 사역자들에게 최대한 자유를 주어야 했다. 그들은 더욱 자유롭게 하나님을 찾고, 하나님께서 이끄시는 대로 열방을 향해 나아가 하나님께 맘껏 순종하였다.

이들이 실수를 하는가? 물론이다. 하지만 선교사들이 새로운 비전을 받고 그것을 시도해 보고 그것이 정말로 주님이 주신 것인지 아니면 그냥 젊은 혈기에 얼토당토않은 일을 벌이는 것인지 기도하며 확인하는 과정에서 자연스럽게 견제와 균형이 생긴다.

영적 리더들은 주님이 피로 사신 일꾼들이 성령의 인도하심을 받는 것에 대해서 통제하거나 조종하지 않도록 조심해야 한다. 우리 그리스도인들은 종으로서 아낌없이 줘야지 엄격하게 규제하면서 줘서는 안 된다. 헌금을 하면서 통제하려 하면 그들의 창의성을 빼앗을 것이고, 결국 우리도 두로 왕의 위치에 서게 된다. 사탄의 방법은 돈으로 사람을 다스리는 것이다.

최근 한 사업가가 인도에서 하나님의 일을 하는 데 드는 예산의 나머지를 낼 테니 인도 선교 위원회에서 과반수 표를 달라고 했다. 그러한 행동은 성경이 말하는 너그러움이나 아낌없이 베푸는 섬김의 마음이 아니다.

규모가 작은 선교회를 재정적인 면에서 적절하게 도우려면 어떻게 해야 하는가? 지역 교회가 헌금을 하고, 영수증을 발급하고, 선교사에게 1년에 한 번씩 선교회에 재정 보고를 하게 함으로써 도울 수 있다. 그렇게 하면 교회 재원을 소모시킬 것이라는 생각에 교회가 이러한 일을 꺼릴 수 있다. 그렇지만 교인들에게 하나님이 이끄시는 곳이면 어디든 헌금을 하라고 가르치는 교회는 30년이 채 지나지 않아 필요한 것을 풍족하게 얻는 것을 보아 왔다. 그것은 성경이 뜻하는

'주고받는 진리'가 무리에게 확대된 것이다(눅 6:38).

개인이 개인을 지원할 수 있듯이 교회도 시작과 끝이 분명한 프로젝트에 지원할 수 있다. 그것이 가장 알맞은 형태의 지원이다.

헌금에 관한 성경적 원칙

성경은 헌금을 모아 선교를 돕는데 관한 여러 가지 원칙들을 가르치고 있으며 그 주제를 위해 한 장을 모두 할애하고 있다.[1]

그 중의 하나로, 전임 사역자들에게 사람들로부터 받은 헌물들을 하나님께 바친 신성한 것으로 여기라고 이르고 있다. 레위인들에게 낸 헌물들이 거룩한 것이었듯이(레 22) 전임 사역자들도 헌물을 하나님을 경외하는 마음으로 조심스레 받아야 한다. 사람들이 희생해서 헌물을 냈다는 사실을 잊어서는 안 된다.

우리가 성경에서 배울 수 있는 또 한 가지 원칙은 주님 일에 드려진 돈을 관리하는 사람이 재정적인 보고를 해야 할 책임이다. 바울이 가난한 성도들을 위해 성금을 모으려고 디도를 떠나보낼 때 이름을 밝히지 않은 한 형제를 함께 보냈다. 그 형제는 단련이 잘 되었고 부지런하여, "이것을 조심함은 우리가 맡은 이 거액의 연보에 대하여 아무도 우리를 비방하지 못하게 하려 함이니 이는 우리가 주 앞에서 뿐 아니라 사람 앞에서도 선한 일에 조심하려 함이라"(고후 8:20-21)는 바울의 말처럼 회계를 맡아 바울을 도왔다. 하나님 앞에서 바른 것만으로 충분하지 않다는 것을 주목하라. 사람들에게도 바르게 보여야 한다.

목적이 정해진 헌물들을 가볍게 여겨 헌물의 목적에 맞게 사용하지 않는 모임들도 있다. 그것은 윤리에 어긋날 뿐 아니라 법에도 저촉된다. 가장 필요한 곳으로 헌물을 보낸다는 변명은 옳지 않다. 상황이 바뀌어 헌물을 드린 사람에게 그 헌물로 무엇을 하길 바라는가 물어 봐야 할 때도 있다. 목적이 정해진 헌물은 약속을 엄격히 지켜 헌물을 드린 사람이 사용하기를 원하는 곳에 써야 한다.

협력의 유익

하나님이 주시는 마음을 따라 헌금할 때 하나님의 일이 풍성해지는 것을 보게 될 것이다. 하나님이 참으로 바라시는 것은 돈이 아니라 관계다. 하나님은 기도 연락망을 형성하고 하나님의 자녀들끼리 서로 더욱 의지하도록 협력의 방법을 쓰실 것이다. 우리가 드린 것은 곳곳의 사역자들을 도울 것이며, 각 나라들을 조금씩 돕게 될 것이다. 우리 안에 하나님이 세상에서 하시는 일에 동참하고 있다는 기대와 흥분이 점점 더 자랄 것이다. 나아가 우리 자신이 하나님의 일에 참여하게 될 것이다.

하나님의 경제 구조는 신기하고도 놀랍다. YWAM에서는 사람들의 부족함을 채워주는 것이 익숙하다. 나는 어떤 돈의 소유자가 이 사람에게서 저 사람에게로 계속해서 바뀌는 것을 보고 하나님이 하시는 방법에 탄복했다. 그것은 바로 수년 전에 하와이 힐로Hilo에서 일어났다.

선교 훈련 학교 리더로 힐로에 있을 때, 우리는 학생들의 밀린 수업료가 늘어가는 것에 신경이 쓰였다. 이러한 상황을 통해 하나님이 무슨 말씀을 하실지 묻기 위해서 리더들이 모였다.

내 머릿속에 문득 고린도후서 8장을 찾아서 읽으라는 생각이 떠올랐다. 나는 그 말씀이 가난한 성도들에게 주라는 이야기임을 알고 있었는데 8장을 읽기 시작했을 때 14절과 15절이 눈에 들어왔다.

이제 너희의 넉넉한 것으로 그들의 부족한 것을 보충함은 후에 그들의 넉넉한 것으로 너희의 부족한 것을 보충하여 균등하게 하려 함이라 기록된 것 같이 많이 거둔 자도 남지 아니하였고 적게 거둔 자도 모자라지 아니하였느니라.

나는 한 노년의 설교자가 했던 말을 떠올렸다. 그는 하나님이 이끄시는 모임에서 뭔가를 하려 할 때 하나님은 이미 그 모임 안에 필요한 모든 것을 마련해 두셨다고 말했었다. 그 생각을 하고 나니 하나님이 어려운 학생들의 부족함을 우리더러 채워주라고 말씀하시는 것 같았다. 150명의 간사들과 학생들이 내지 않은 수업료는 수천 달러였다.

우리는 학생들과 간사들을 함께 모아 하나님이 말씀하셨다고 느끼는 바를 말했다. 우선 가장 많이 밀린 학생들을 일어서게 해서 구체적으로 얼마나 돈이 필요한지를 물었다. 그러고 나서 사람들에게 하나님이 주라고 하시는지, 그렇다면 얼마를 누구에게 주어야 하는지 알려 달라고 개인적으로나 짝을 지어서 기도하라고 했다.

나와 달린도 함께 조용히 기도했다. 몇 분이 지나고 나는 속삭였다. "얼마를 말씀하셨소, 달린?"

"하나님께서 탐 할라스에게 1백 달러를 주어야 한다고 말씀하시는 것 같아요." 달린이 말했다.

"그러나 우리는 어려운 학생들을 위해 기도하기로 했잖소. 탐 할라스는 간사인데?" 내 말의 뜻은 이것이었다. '잘못 느꼈겠지. 하나님께서 그렇게 말씀하셨을 리가 없어.' 나는 한 학생에게 50달러를 주라는 분명한 이끄심을 느꼈다고 말했다. 그러고는 자세히 설명했다. "달린, 우리 통장에 1백 달러는 없지만 50달러 조금 넘게는 있어요."

우리는 여전히 머리를 숙이고 있었다. 무리를 가로질러 가는 사람들과 돈을 건네며 서로 껴안고 살짝 웃거나 소리를 지르는 사람들도 있었다.

"있잖아요, 로렌." 달린이 말을 꺼냈다. "이 일은 하나님과 나만의 일일지도 몰라요. 탐에게 1백 달러를 주어야 한다는 하나님의 말씀을 믿어야 할 것 같아요."

그때, 나는 내가 무엇인가를 막 놓칠 뻔했음을 깨달았다. 우리는 각자 하나님께 나아가기로 했는데 상대방이 느낀 것을 가지고 주님께 나아가기로 했다. 나는 우리가 탐에게 1백 달러를 주어야 하느냐고 주께 물었고, 달린은 우리가 그 학생에게 50달러를 주어야 하느냐고 물었다. 놀랍게도 우리는 두 가지 모두 하나님께로부터 온 것이라는 강한 느낌을 받았다. 사람들은 때로 하나님께로부터 다른 이끄심을 받을 수 있는데 이때 중요한 것을 놓칠 수 있다. 하나님이 이것 아니면 저것이 아니라 둘 다를 말씀하실 수도 있다는 것이다.

나는 50달러짜리 수표를 써서 하나님이 생각나게 하신 학생에게 주었다. 그리고 자리에 돌아와 앉아 하나님이 어떻게 하실지 기다렸다. 가지고 있지도 않은 1백 달러를 줄 수는 없었다.

바로 그때, 탐 할라스가 나 있는 곳으로 왔다. 정말 이상하다는 표정이었다. 탐은 아직 기도하며 하나님의 음성을 들으려는 사람들에게 방해가 되지 않도록 내게 바싹 붙어 나지막하게 말했다.

"다이안과 나는…" 탐은 자기 아내를 몸짓으로 가리키며 말을 시작했다. "저어… 기도하고 있었어요. 그리고… 우리는 하나님께서 어떤 학생에게 1백 달러를 주라고 말씀하셨다고 생각해요." 탐은 귀 뒤쪽 언저리를 긁적이며 눈을 가늘게 뜨고 곰곰이 생각하는 눈치였다. "그렇지만 우린 돈이 하나도 없어요. 로렌, 하나님께서 정말 그렇게 말씀하셨을까요?"

나는 활짝 웃었다. "그래요, 하나님께서 정말 그렇게 말씀하셨을 거라고 생각해요! 사실 하나님이 당신에게 1백 달러를 주라고 우리 부부에게 말씀하셨거든요. 그렇지만 우리에게도 1백 달러가 없어요. 기다리면서 하나님께서 하시는 일을 지켜봅시다."

"야, 기분이 좀 나아지네요." 탐은 어깨를 으쓱하더니 자기 자리로 돌아가 앉았다.

데비 스미스라는 간사가 달린과 내가 있는 곳으로 다가왔다. 그녀도 탐과 마찬가지로 알 수 없다는 표정을 짓고 있었다. "로렌, 하나님께서 당신에게 1백 달러를 주라고 하셨지만 그 돈이 당신을 위한 것이 아니라고 하셨어요." 그녀는 얼떨떨한 표정이었다. "하나님께서 그런 말씀을 하셨을까요?" "물론 그렇게 말씀하셨을 겁니다, 데비 양. 가지 말고 거기 서 계세요."

나는 가서 탐과 다이안을 데리고 왔다. 그리고 데비 양에게 "내게 1백 달러를 주세요." 하고 말했다. 그녀는 내게 1백 달러를 건네주었다. 나는 달린을 곁에 세워 두고 탐에게 돌아서서 말했다. "탐, 하나님이 당신에게 1백 달러를 주라고 우리에게 말씀하셨소." 탐은 웃으면서 그 돈을 받아서 자기가 주어야 한다고 느낀 그 학생을 찾았다.

나는 매우 놀라 머리를 설레설레 저었다. 왜 하나님은 그 학생에게 돈을 주라고 직접 데비 양에게 말씀하지 않으셨을까? 어째서 달린과 나, 탐과 다이안, 그리고 데비 양을 끌어들이셨을까? 하나님은 우리에게 하나님의 경제가 세상에서 어떻게 움직이는가에 대한 작은 예를 보여주려고 하신 것이다. 돈이(모든 돈은 하나님께 속했다-학 2:8) 이 사람에게서 저 사람에게로 흘러가는 동안에 사람들의 필요를 채운다. 또한 우리를 하나님의 기적적인 공급에 참여하여 하나가 되게 하며, 이로써 하나님께 더욱 순종하게 한다.

그리스도의 몸은 어떠한 일이든 주님의 일을 하는 데 필요한 돈을 이미 갖고 있다. 『세계 기독교 백과사전』(World Christian Encyclopedia)의 편집 책임자인 데이비드 바렛 박사는 전 세계 부의 삼분의 이를 그리스도인이 소유, 지배하고 있다고 밝혔다.[2]

그리스도의 몸 안에 있는 우리에게는 더 이상 돈이 필요치 않다. 더 많은 돈이 돌고 돌게 할 필요가 있을 뿐이다. 개인이 개인에게, 교회가 교회에게, 나라와 교파를 넘어서 서로 나눌 때 모두 함께 그리스도의 몸으로 주님께 더욱 가까이 나아가게 될 것이다.

09 '세상'에서 '믿음'으로 살기

벼랑 끝에 서는 용기 • Daring to live on the edge

'세상'에서
'믿음'으로
살기

세속 세계와 신성한 세계가 나뉘어져 있다는 생각은 교회 역사상 오래 전에 뿌리를 내린 것으로 지금까지 많은 해악을 끼쳐 오고 있다. 많은 사람들이 목사와 선교사들은 거룩한 일을 하는 반면, '세상'에서 일하는 사람들은 세속적인 직업을 가지고 있다고 생각한다. 그러나 일반적인 직업을 가지고 있는 사람들도 전임 사역자들에게 필요한 것을 공급함으로써 하나님의 일을 할 수 있다.

이러한 관점이 자신의 일상 업무를 바라보는 데 얼마나 큰 영향을 끼치는지 한 번도 생각해 보지 않았을 것이다. 많은 그리스도인들처럼 당신 또한 자신의 직업을 기껏해야 영적으로 중립적인 것으로 여길지도 모른다. 최악의 경우 좋은 일은 아니지만 해야만 하는 일로 여길 수도 있다. 그래서 주일이나 주중에 교회에 가서 더러운 시장터에 다시 뛰어들기 전에 영적인 목욕을 한다.

놀라운 영적 승리와 기적, 재정적인 공급에 관한 이야기는 언제나 선교지나 전임 사역자들에게만 일어난다. 시간을 내서 동료들과 함께 신앙을 나누는 등 뭔가 신성한 일을 하면 세속 직업을 가진 사람에게도 그러한 일이 일어날지도 모른다. 그러고 나서 그는 신성한 공간을 닫고, 다시 세속 공간으로 들어간다. 세속 공간에서 영적인 일은 일어나지 않는다.

실제로 그러한가? 나는 그렇게 생각하지 않는다. 당신이 근무하는 직장이라는 선교지에서도 기적은 일어날 수 있다. 하나님은 우리가 주님의 일을 할 때 우리를 무척 돕고 싶어 하신다. 그러나 먼저 자신의 일에 대한 하나님의 계획을 살펴야 한다.

예수님을 사랑하고 하나님이 당신을 부르신 방법대로 부르신 장소에서 주님을 섬기고 있다면 믿음으로 살 수 있으며, 공장이나 법원이나 백화점에서도 영적인 승리를 볼 수 있다. 앞장에서 말했듯이 '선교사'라는 말은 '보내심을 받은 자'란 뜻이다. 그리고 예수님은 자기를 따르는 모든 사람들에게 "아버지께서 나를 보내신 것 같이 나도 너희를 보내노라."(요 20:21)고 말씀하셨다.

전임 사역자와 일반 직업을 가진 사람의 차이는 지리적인 위치와 일의 유형뿐이다. 어떻게 해서 지금의 직업을 얻게 되었는가? 당신의 삶에 대한 주님의 계획을 물어 보았는가? 아니면 다른 많은 그리스도인들처럼 전임 사역자로 '부름 받지' 않았기 때문에 그 직업을 선택

한 것인가?

많은 사람들이 시간이 좀 지나면 행복하지 않다고 느끼며 직장을 옮기지만 한 번도 만족을 얻지 못한다. 하나님이 의도하셨던 대로 자신의 일을 해나가며 즐거워하기보다는(신 12:18) 그저 먹고살기 위한 수단으로 여겼기 때문이다.

하나님은 모든 그리스도인들을 부르신다. 우리 모두는 무엇을 하든 하나님의 영광을 위해 해야 한다. 하나님은 신성한 것과 세속적인 것을 따로 나누지 않으신다. 우리가 그렇게 나누었을 뿐이다. 하나님은 할 일이 있으시며 우리가 그 일에 참여하기를 바라신다. 하나님의 일은 예수 그리스도의 주 되심을 사회 모든 영역으로 넓혀가는 것이며, 이 땅 위의 모든 사람에게 복음을 전하는 것이다. 주님은 추수하시는 분이다. 그분이 우리가 어느 밭에서 일하게 될지를 말씀해 주실 것이다.

당신의 부르심을 알라

부르심이 있는가? 소명에 대해 느끼는가? 당신이 꼭 해야 한다고 느끼는 것이 있는가? 없다면 그것을 찾아야 한다. 물론 그러기 위해서는 현재 상태를 유지하려는 당신의 권리를 포기해야 한다. 하나님은 당신과 당신의 가족이 세계 곳곳을 돌아다니기를 바라실지도 모른다. 지금 하고 있는 일이 아닌 다른 일을 하기를 바라실 수도 있고, 지금 그대로 머물러 있기를 바라실 수도 있다. 추수하시는 주님의 인도하심을 받으려면 그분께 결정권을 온전히 내어 드려야 한다.

하나님이 택하신 바로 그 자리에서 하라고 하신 일을 하고 있다면 당신은 선교사로 살아가고 있는 것이다.

선교사는 어떻게 일하는가? 일을 훌륭히 해내는 선교사는 자기가 맡은 일을 어떻게 해나갈지를 하나님께 구체적으로 묻는다. 선교사는 기도하면서 주님이 마음속에 일러주시는 그대로 행한다. 하나님이 하라고 하셔서 최선을 다했는데도 그 일이 불가능해 보일 때에는 자신이 하지 못하는 부분을 하나님이 하신다고 믿는다. 2장에서 내린 믿음의 정의와 맞물리는 이야기다. 믿음은 하나님의 음성을 듣고 행동으로 옮기고 난 뒤에, 자신이 할 수 없는 모든 일에 대해서는 하나님을 믿는 것이다. 그러한 믿음은 당신이 공장에서 사소한 기계 부품을 만들든, 아마존의 고립된 부족에게 복음을 전하든 능력을 발휘한다.

많은 그리스도인들이 주일학교에서 가르치는 것과 같이 자신들이 생각하기에 영적이라고 생각하는 일들은 반드시 기도하면서 하려고 한다. 그렇지만 세상에서 일할 때에 일어나는 문제들, 즉 마케팅 계획을 세우는 방법, 직장 동료들과 관계를 맺는 방법, 조직을 좀 더 잘

운영할 묘안, 컴퓨터에서 생긴 문제를 풀어갈 방법 등에 대해서는 기도할 생각을 하지 않는다.

두 사람의 학자, 로드 게르하트와 윌 터너 박사는 YWAM 열방대학University of the Nations의 교육 계획안으로 마이크로컴퓨터 제어장치를 개발하고 있었다. 그런데 한창 작업 중일 때 컴퓨터에 문제가 생겨 며칠 동안 쩔쩔매고 있었다. 전화로 컴퓨터 제조업체에 도움을 구하고 나름대로 조직 실험을 해보았으나 아무리 해보아도 컴퓨터에 생긴 문제를 밝힐 수가 없었다. 컴퓨터는 제대로 작동되지 않았다.

문제를 해결하지 않으면 안 될 심각한 상황이 되어, 두 사람은 낮과 밤을 가리지 않고 일하기 시작했다. 어느 날 저녁에 두 사람은 하던 일을 멈추고 잠깐 쉬고 있었다. 시계가 새벽 2시를 가리키고 있었다. 두 사람은 따뜻한 하와이의 밤공기 아래로 나와 기지개를 펴면서 몸을 풀었다.

로드는 눈부시게 펼쳐져 있는 별을 올려다보았다. 야자수 나무가 살며시 가지를 흔들며 두 사람 주위에 둘러서 있었다. '오, 주님. 주께서 해답을 아십니다. 도와주세요.' 로드는 조용히 기도했다. 바로 그때, 로드의 마음속에 문제의 원인과 해결 방법이 떠올랐다. 로드는 윌에게 소리쳤다. "뭐가 잘못되었는지 알았어! 됐어!" 두 사람은 급히 연구실로 돌아와 로드의 생각을 시험해 보았다. 그 즉시 컴퓨터가 작동하기 시작했다. 조금 후에 두 학자는 몸은 지쳤지만 넘치는 기쁨을 안고 휴식을 위해 집으로 돌아갔다.

아마 무신론자들이 봤다면 마침내 해답을 찾게 된 것뿐이라고 말할 것이다. 신앙이 없는 과학자가 문제와 씨름하다가 마침내 해답을 얻게 되는 것처럼 말이다. 창조적인 생각들은 그리스도인이건 아니건 모두 하나님이 주신다는 로버트 슐러 목사의 말이 맞는지도 모른다. 그러나 로드와 윌은 그날 밤 하나님께서 해답을 주셨음을 확신했다.

모든 기도가 하나님께 드려지는 것은 아니다. 때로는 우리의 대적인 사탄이 관여할 때가 있다. 그렇다면 더 이상 우리를 흔들지 못하도록 사탄에게 명령해야 한다. 어쩌면 일을 하다 부딪치는 어려움이나 동료와의 갈등은 자연스러운 것이 아닐지도 모른다.

무조건 사탄의 일로 간주하면 안 되지만 원수 사탄이 우리의 일에 끼어들 수 있음을 알아야 한다. 우리는 예수님이 주신 권세로 간단하고 쉽게 사탄을 대적할 수 있다(약 4:7, 벧전 5:8-9). 하나님께 순종했고 하나님이 하라고 하신 일을 하고 있으면 하나님이 우리를 이기게 하신다.

내게는 사업가 기질이 뛰어난 아들이 하나 있다. 그의 이름은 데이비드고, 아직 대학생이다. 데이비드는 10대 때 작은 사업을 두 개 시작했다. 차 부속품 맞춤 가게와, 영화를 만드는 데이비드 토키오스라는 친구와 함께 '데이비드, 데이비드 비디오 제작소'를 차렸다.

사업을 처음 시작할 때, 두 명의 데이비드는 촬영을 하거나 편집을 하기 전에 언제나 기도하기로 했다. 그들은 자신들의 일을 하나님께 맡기고 사탄을 대적했다. 하루하루 일이 잘 되어 나갔다. 딱 하루만 빼고는….

그날은 영화 제작으로 매우 흥분되어 있었기 때문에 두 사람 모두 기도하는 것을 잊었다. 그들은 서둘러 일을 시작했다. 그런데 편집 과정에서 일어날 수 있는 문제가 모두 일어났다. 뜻밖의 문제가 생길수록 두 사람은 더욱 당황했지만 곧 무엇을 잘못했는지 깨달았다. 둘은 하던 일을 멈추고 잠깐 시간을 내어 기도했다. 그러고 나서 다시 일을 시작했을 때 어려움이 쉽게 풀려 두 사람이 계획한 일을 훌륭하게 끝마쳤다.

하나님이 비디오 사업이 성공하는 것에 관심이 있으실까? 사탄은 어떠할까? 우리의 일을 온전히 하나님께 맡기면 하나님도 사탄도 우리의 일에 관심을 둔다. 왜 그런가? 그렇게 할 때 우리의 일은 곧 하나님의 일이 되기 때문에 하나님은 자기의 사업을 돌보신다. 사탄의 역할은 하나님과 하나님의 백성을 대적하는 것이기 때문에, 사탄도 우리의 일을 무너뜨리려고 관심을 쏟는다.

후에 데이비드는 잠시 일터와 학교를 떠나 열방대학 두 곳에 가야 한다는 생각을 했다. 하나는 호놀룰루에 있는 성경 연구 학교였고 또 하나는 칠레에 있는 리더 훈련 학교였다. 상식적으로는 이 일을 이해하기가 힘들었다. '데이비드, 데이비드 비디오 제작소'는 큰 빚을 지고 있었기 때문이다. 그러나 두 사람은 하나님께 순종했고 데이비드가 자리에 없는 여섯 달을 하나님께 믿음으로 맡겼다. 데이비드 토키오스는 혼자서 두 사람 몫의 일을 했지만 하나님은 그 여섯 달 동안에 재산이 10배로 늘어나는 복을 주셨다.

능력을 최대한 발휘하라

직업을 가진 그리스도인들은 자신들이 선교사라는 사실을 꼭 기억해야 한다. 그 일에 부름 받았다는 생각을 가져야 한다. 또한 부름 받은 그 일에서 탁월한 능력을 발휘할 수 있도록 성령께서 책임지신다는 것도 알아야 한다.

내게는 《타임》지에서 고참 통신기자로 있는 데이비드 액맨이라는 친구가 있다. 데이비드는 북경과 베를린과 예루살렘에 있는 타임지 사무국을 운영했다. 그는 1925년에 있었던 '스콥스 재판' Scopes Monkey Trial 이후로 미국에 사는 그리스도인들이 전환점을 맞았다고 생각한다.

아마 테네시 주에서 일어난 이 역사적인 재판에 대해 읽어 보았을 것이다. 테네시 주는 주립학교에서 무신론을 지지하는 진화론을 가르쳐서는 안 된다고 법으로 금했는데, 제롬 스콥스라는 교사가 법을 어기고 진화론을 가르쳤다.

그리스도인은 이 공판에 상당한 관심을 보이며 날마다 법정을 가득 메웠다. 불행히도 법적 투쟁이 뜨거워지고 때로 방청석에서 터져 나오는 무례한 언행으로 열기가 고조되는 가운데 마치 그리스도인들이 어리석은 것처럼 비춰졌다. 결국 진화론자들이 재판에서 이겼다. 더욱 안타까운 것은 매스컴의 보도 내용이었다. 매스컴은 성경을 믿는 그리스도인들이 무지하고 배우지 못해 '과학에 근거한' 사고를 거부하고 있다고 평했다.

데이비드 액맨은 이 재판을 겪으면서, 또 20세기 말에 일반 대학과 신학 대학의 생각이 바뀌면서 그리스도인들이 방어적으로 변했다고 주장한다. 그때까지 그리스도인들은 교육과 행정, 경제, 예술계에서 영향력을 미치는 자리에 있었다. 그러나 액맨은 그 재판 이후부터 많은 그리스도인들이 저항하기보다 그저 움츠러들고 있다고 말했다. 자신을 평범하다고 생각하기 시작했으며 우리가 받은 교육을 의심하고 자신이 열등하다고 느낀다고 했다.

어느 날, 딸아이가 "하나님은 내가 보도 기관에서 일하기를 바라시는 것 같아요."라고 말한다면 어떻게 하겠는가? 딸아이가 공중파 방송에서 앵커우먼이 된다든지 유력한 신문 편집장으로 일하는 모습을 그려볼 수 있는가? 아니면 생각의 여지도 없이 기독교 보도 기관에서 일자리를 찾아보라고 설득하겠는가?

"그래, 기독교 소설(또는 영화)을 위해서 일하는 것은 무척 좋은 일이었어."라고 말해 본 적이 있는가?

기독교 보도 기관을 우습게 여겨 하는 말이 아니다. 하지만 사실 많은 젊은이들이 아무 생각 없이 환경적으로 안전한 일터를 찾으려고 한다. 무의식적으로 세상과의 거친 경쟁을 피하려고 하는 것이다.

나는 내 친구 데이비드 액맨의 생각에 동의한다. 우리는 포기했던 리더십을 다시 회복해야 한다. '그리스도인 거주 지역'에만 고립되어 살려고 했다면 그동안 담을 쌓아왔을지도 모른다. 힘이 들거나 희생이 필요할 수도 있지만 그리스도인들은 하나님이 부르신 곳이면 어떠한 영역에서든 승리할 수 있어야 한다. 하나님이 우리에게 주신 은사들을 사용하면 하나님은 언제나 우리가 하는 수고를 도와 하나님이 하실 부분에서 일하신다. "나는 네게 유익하도록 가르치고 너를 마땅히 행할 길로 인도하는 네 하나님 여호와라"(사 48:17). 이것이 바로 하나님의 뜻을 보여주는 말씀이다.

정직

성경에는 직업 영역에 즉시 적용할 수 있는 원칙들이 많이 있는데, 가장 대표적인 것이 정직이다. 성경은 속이는 저울은 하나님이 미워하신다고 말씀한다(잠 11:1). 저울은 장사하는 사람들이 사용하는 기구다. 정직하게 사는 그리스도인은 자기의 일만을 위해서가 아니라 자신이 섬기는 하나님을 위해서 일의 목표를 세운다. 그들은 만들어 내는 물건은 물론이요, 맡은 일을 해나가는 방법으로 자신이 속한 사회에 영향을 끼칠 것이다. 그 사람은 복을 받을 것이다.

번성의 원칙

주님은 건전한 정신으로 노력하는 사람들을 번성하게 하셨다. 이것은 실제로 일어나고 있는 성경의 원칙이다. 번성은 주님을 따르고 주께서 우리에게 주신 은사를 정직한 마음으로 발휘할 때 자연스럽게 나타나는 결과다. 다음의 질문이 중요하다. 당신이 노력해서 "그 종류대로" 번성했을 때, 그것은 복이 될 것인가, 해가 될 것인가?

어떤 사람은 해로운 것을 번성하게 한다. 하지만 당신이 말씀에 근거해 일한다면, 즉 그리스도의 동기와 방법으로 일을 한다면 그것이 온 세상에 모범이 되어 많은 사람에게 복을 줄 수 있다. 그렇다면 직업을 갖고 있는 그리스도인의 동기는 어떠해야 하는가? 모든 사업에는 전심으로 하나님을 사랑하고, 그리스도께 영광을 돌리고 싶어 하며, 어떻게든 사람을 섬기려는 사람들이 중심에 있어야 한다.

하나님과 사람을 섬기기

성공을 위해 고려해야 할 또 하나의 중요한 원칙은 섬김이다. 예수님은 우리에게 종이 되라고 하셨다. 전임 사역자든 일반 직업인이든, 그리스도인이라면 누구나 반드시 이렇게 살아가야 한다.

수십억 달러를 다루는 한 사무기구 제조업체는 최근에 예수님이 제자들에게 가르치신 이 원칙을 깨달았다(하지만 그 원리가 기독교의 원칙 중 하나라는 사실을 이 회사가 알았는지는 모르겠다). 그 회사는 시장 점유율이 줄어들고, 이윤이 떨어지고, 고객들의 불만이 늘어가고, 그 밖에 다른 문제들로 여러 해 동안 어려움을 겪어 왔다. 경영진들은 해마다 뚜렷한 목표를 세우고 직원들이 더욱 열심히 일하도록 독려하는 등 회사를 어려움에서 구해내고자 애쓰다가 마침내 새로운 방법을 도입했다.

최고 경영진에서부터 8만 명에 이르는 직원 한 사람에 이르기까지 모든 사람들을 재훈련시키는 데 엄청난 돈과 3년이라는 시간을 투자했다. 재훈련이란 간단히 말해 각자가 섬길 사람을 스스로 정하는 것이었다. 그들은 '누가 나의 고객인가?'를 자문했다.

판매하는 사람들은 고객이라는 말을 떠올리기가 쉬웠다. 그러나 비서나 경영진이나 중간 관리자들의 고객은 누구였을까? 기업에 있는 사람들은 다른 사람에게서 업무를 받아 가치를 덧붙여 그 일을 다음 사람에게 넘겨준다. 그러므로 그들의 고객은 자신이 일을 주는 바로 그 사람이었다. 고객이 누구인지 깨닫기까지 몇 주 심지어 몇 달씩이나 걸리는 부서들도 있었다. 자신의 고객이 누구인가가 늘 분명한 것은 아니었다.

다음에 그들은 '우리 고객이 무엇을 원하는가?'를 묻기 시작했다. 답을 얻으면 고객들이 원하는 것을 최선으로 채워주기 위해 체계적으로 노력했다. 마지막으로, 고객들이 원하는 것이 채워졌는지 확인하기 위해서 고객 피드백이 필요했다.

몇 년 안에 그 회사는 점점 효과를 보았다. 비용을 줄이게 되었고, 질 좋은 물건을 더욱 많이 생산했으며 고객들에게도 더 큰 만족감을 주었다. 그 회사가 직원들에게 가르쳤던 모험적인 새로운 사고는 다음과 같이 간단하게 표현할 수 있다. "누구든지 크고자 하는 자는 너희를 섬기는 자가 되고"(마20:26).

사람들을 섬기기 위해 예수님과 똑같은 마음을 품는다면 늘 고용인들 앞에서 올바른 사람이 될 수 있다. 직원들에게 하나님이 주신 우선순위-예를 들면 가족을 돌보는 일-보다 직장을 더 중요하게 여기라고 강요하지는 않을 것이다. 물건을 사랑하고 사람을 이용하기보다 사람을 사랑하고 물건을 이용하는 가치관은 자연스럽게 부하 직원들 모두에게로 흘러갈 것이다.

안식일의 중요성

일반 직업에 종사하는 그리스도인들을 포함해서 모든 그리스도인들이 중요하게 생각해야 할 또 하나의 원칙은 안식일을 거룩하게 지키는 것이다.

이 주제를 꺼내면 많은 사람들이 화를 낸다. 율법을 지나칠 정도로 엄격하게 가르치는 것을 보아왔기 때문이다. 안식일에 누리는 기쁨을 부정하는 바리새인을 닮아가는 이들도 있다. 할머니가 주일에 수를 놓고 있는 여자 아이에게 "안식일을 어기다니! 너는 영원토록 네 코로 수를 놓아야 할 게야!"라고 말하는 것을 보았다는 사람도 있다.

그렇지만 안식일은 하나님이 만드셨다. 하나님의 원칙은 심지어 젊은이들조차 스트레스로 녹초가 되는 오늘날에 의미하는 바가 많다. 일주일 중에 일하지 않는 하루인 안식일은 당신이 미처 끝내지 못한 일에 대해서도 하나님을 신뢰하는 위탁의 날이다. 돈이 넉넉지 않더라도 십일조를 내면서 재정 문제에 관해 믿음으로 사는 것이 하나님을 믿는 것이라면, 일을 하는 가운데 안식일을 지키는 것은 시간의 십일조에 대응하는 것이다. 우리에게는 돈과 시간 두 가지 다 소중한 자원이다. 하나님이 우리에게 하라고 하신 일을 할 만큼의 돈이 없는 경우가 자주 있고, 자기 일을 끝마치기 위해서도 늘 시간이 부족하다. 부족한 시간 안에 해야 할 일이 너무 많다면 어떻게 하는가?

더 열심히 일하는가? 밤을 새우면서, 일주일 내내 하루도 쉬지 않고, 가족과 교제와 교회 활동과 운동 등 모든 것들을 희생하면서 일하는가?

안식일에는 일요일에 잔디를 깎는 것 이상의 의미가 있다. 잔디를 깎는 것이 더 유익하고 쉼을 주며 일터에서의 스트레스를 해소하는 방법일 수도 있지만 말이다. 안식일에 쉼을 갖고 하나님과 교제하는 것이 무척 중요하기 때문에 하나님은 이것을 십계명 중 하나로 정하셨다.

안식일에 관한 다른 몇 가지 것들을 살펴보기 위해 YWAM 코나에서 간사로 섬기고 있는 프래스터 혹의 이야기를 들어 보겠다.

1. 주님이 먼저 안식일을 지키셨다. 하나님은 계속해서 더 많은 종류의 생물과 식물, 은하수를 만들어 내실 수도 있었지만 "그만하면 충분하다."고 하시면서 창조 활동을 멈추셨다.

2. 이스라엘에서 지켰던 안식일은 6년 동안 식물을 심고 7년째 되는 해에는 심지 않는 것이었다. 이 때문에 사람들은 재정적인 위기를 만났고 심지어 생명까지 위협을 당했다. 그들은 일을 통해 스스로 공급하지 못했기 때문에 더욱더 하나님을 의지해야 했다.

3. 주어진 시간보다 해야 할 일이 늘 많기 마련이다. 날마다 하나님의 이끄심을 따라 하나님이 가르쳐 주시는 중요한 일부터 한다면, 우리가 할 수 없는 부분을 하나님이 직접 책임지실 것이다. 그것이 바로 창조자와 동역하고 그분을 신뢰하는 안식일의 정신이다.

안식일을 쉬는 비결은 순종이다. 그것은 개에게 막대기를 집어오는 훈련을 시키는 것과 같다. "물고 와!" 주인이 개에게 명령을 내리면서 막대기를 던진다. 이 명령을 여섯 번 반복한 후에 일곱 번째 막대기를 던지면서 "앉아!" 하고 외치면 개가 순종하는지 알아볼 수 있다. 우리도 하나님이 시작하신 일을 다 이루시리라고 믿으며 '앉거나' 쉬는 일을 익혀야 한다.

안식일을 지키는 방법에는 묵상, 점검, 찬양, 쉼, 기분 전환 등 여러 가지가 있다. 하나님은 안식일의 법을 어기면 우리에게 해가 되도록 안식일을 만드셨다. 그렇지만 주중의 어떤 날을 안식일로 해야 하는가에 대해서는 절대적이지 말아야 한다고 생각한다.

현재 우리가 쓰는 달력은 성경처럼 성령의 영감으로 만들어진 것이 아니다. 현재 쓰는 달력은 16세기에 만든 것으로 4년마다 조정해야 하는 오류가 있다.

목사들이 주일에 안식을 갖지 못하는 것은 분명한 사실이다. 목사들에게 주일은 길고 힘든 하루다. 또한 경찰이나 소방관, 그리고 그 밖의 다른 많은 사람들은 주일에도 일을 해야 한다. 그렇지만 주일에 일해야 하는 사람들도 여전히 안식일에 쉬라는 하나님의 원칙을 따를 필요가 있다. 따라서 모든 사람들은 7일 중 하루를 안식일로 삼아야 한다.

2차 세계대전 중, 미국 정부는 군수 물자를 조달하기 위해 일곱 개 공장에 하청을 주어 배를 만들게 했다. 그리고 몇 주 동안 7일 연속 근무를 하라고 지시했다.

월터 오 멜론 씨는 일곱 개 회사 중 하나인 '코렉트 크래프트'의 사장이었다. 그리스도인인 멜론은 직원들에게 7일 연속 근무를 시킬 수 없다고 했다. 정부는 계약을 취소하겠다고 으름장을 놓았지만, 멜론은 시간을 좀 달라고 설득했다. 그리고 경쟁 회사가 7일 연속 근무를 하는 동안 멜론의 회사는 일주일에 6일만 일하고서도 약속한 생산량을 생산해 낼 수 있다고 장담했다. 시간이 지나자 멜론과 직원들은 경쟁 회사보다 더 많은 양을 만들어 낼 수 있었다. 일주일에 6일만 일했는데도!

부자, 그 이후

그리스도인이 사업을 할 때에는 돈 버는 능력을 주시는 분이 하나님이시라는 것을 기억해야 한다. 지극히 당연한 말처럼 들리겠지만 우리는 너무나 자주 잊어버린다! 사업이 잘 되기 시작하면 성경이 부자에게 주는 충고를 떠올리라.

그러나 네가 마음에 이르기를 내 능력과 내 손의 힘으로 내가 이 재물을 얻었다 말할 것이라 네 하나님 여호와를 기억하라 그가 네게 재물 얻을 능력을 주셨음이라(신 8:17-18).

재물이 늘어도 거기에 마음을 두지 말지어다(시 62:10).

바울은 그 세대의 부자들에게 다음과 같이 전하라고 디모데에게 말한다. "마음을 높이지 말고 정함이 없는 재물에 소망을 두지 말고 오직… 하나님께 두며"(딤전 6:17).

그리스도인들은 모두 너그럽게 베풀어야 하지만 하나님은 특정한 몇 사람에게 돈을 벌 수 있는 재능을 주셔서, 그들이 하나님의 일에 더 많이 베풀 수 있도록 하셨다. 그런 사람들은 '성령님의 기업가'라고 부를 수 있다.

바울은 이러한 사람들을 돕고 베푸는(롬 12:8) 은사를 가진 사람들이라고 말했다. 하나님은 그러한 사람들에게 돈 버는 지혜를 주심으로써 하나님의 사람들을 공급하신다. 이것은 하나님이 공급하시는 여러 방법 중 하나이다.

부는 부정하다고 생각하기 때문에 그리스도인이 부자로 산다는 것을 잘 받아들이지 못하는 사람들이 있다. 그들은 누군가 부자이면 또 다른 누군가는 반드시 가난하게 된다고 생각한다. 그러나 그러한 생각은 부를 제한하는 것이다. 천연 자원이 한 나라의 부를 보장하는 것처럼 여겨진 때가 있었지만 이것은 일본, 싱가포르, 홍콩, 한국 등과는 상관없는 이야기다. 이 나라들은 천연 자원이 거의 없지만 지금껏 발전해 왔다. 또 쓸모없는 모래에서 반도체 칩을 만들어 내는 것을 보라. 사람들은 반도체 칩으로 많은 돈을 벌고 있다.[1]

하나님이 돈 버는 능력을 주시면 그 돈을 어떻게 쓸 것인지 하나님께 조심스럽게 물어야 한다. 헌금할 때에 아까운 나머지 마지못해 하나님께 팁을 드리는 것처럼 해서는 안 된다. 그러한 태도를 버리고 사업가 R.G. 르투르노와 같은 자세를 가져야 한다. 그 사람은 재산의 90퍼센트를 '십일조'로 드리면서 이렇게 말했다. "얼마나 많은 돈을 하나님께 드리느냐는 중요하지 않다. 문제는 드리고 남은 하나님의 돈을 얼마만큼 나를 위해 가지고 있느냐다."

하나님이 복 주셔서 필요한 것보다 더 많은 돈을 가지고 있으면, 그때가 바로 하나님의 이끄심을 물어야 할 때다. 하나님께 물으라!

"이 나머지 돈으로 무엇을 해야 할까요?" "내가 주어야 할 사람이 있습니까?" "하나님 나라에 투자하는 방법을 보여주실 때까지 저축해 놓을까요?"

사업가들이 너그럽게 베풀어야 하는 또 다른 이유는 두로의 왕이 지배하는 세상에서 일을 하고 있기 때문이다. 앞장에서 이미 보았듯, 사탄은 가장 왕성하게 활동하는 곳이 상업 분야가 아닌가 싶을 정도로 상업에 활발하게 끼어들고 있다. 예수님은 상업과 무역을 바로 잡으러 오셨다. 하나님의 영광을 위해, 특히 자신에게 직접적인 유익이 되지 않는 선교 사역 등에 풍부하게 베푸는 것은 사탄이 하는 일을 무너뜨리는 것이며, 두로의 왕을 몰아내고 팽배한 탐욕을 쫓아내는 것이다.

하나님은 믿을 만한 열린 마음을 찾고 계신다. 사람들의 열린 마음과 베풂을 통해 다른 이들을 복 주고 싶어 하신다. 그러나 손가락이 뻣뻣해진다면 하나님도 더 이상 쏟아부어 주시지 않는다.

새로운 유형의 선교사

우리는 직업에 대해서 새로운 시각을 가져야 한다. 직업을 갖고 일하되 하나님의 뜻을 구하며 그 뜻대로 순종할 사람들이 필요하다. 하나님과 그분의 나라를 가장 우선으로 여기며, 자신의 직업을 예수님의 주 되심을 온 땅에 전하는 일의 일부로 여기는 사람들이 필요하다.

얼마 전에 바로 그러한 사람을 만났다. 민감한 문제가 있기 때문에 이름을 밝히지는 않겠지만 그는 하나님이 자신을 선교 사역으로 부르셨음을 알고는 복음을 전하는 데 규제가 많은 나라로 건너갔다. 그리고 그곳에 전자기술개발 공장을 세웠다. 몇 년 만에 그 공장은 직원이 백여 명이 될 만큼 성장했다.

하나님께 참신한 생각을 구한 결과로 그는 몇 가지 독특한 전자 장치를 발명할 수 있었다. 예를 들어, 신용카드보다 조금 두꺼운 마이크로 칩에 복음의 내용을 녹음한 30분짜리 말하는 소책자를 발명했다. 그것은 다른 기계 장치의 도움 없이 작동이 가능한 제품이었다. 또 다른 발명품은 태양전지를 이용한 휴대용 라디오인데, 이 라디오는 아직 복음화되지 않은 나라로 방송을 내보내는 기독교 채널에 고정되어 있다. 물론, 그가 만드는 제품이 모두 복음을 전하는 데 사용되는 것은 아니지만 나는 그 물건들에 특별히 관심이 갔다.

그의 또 다른 계획은 공장에서 그리스도인과 비그리스도인을 한 명씩 섞어 앉혀 근무하게 함으로써 그리스도인이 일하는 동안 복음을 더 쉽게 전할 수 있게 하는 것이었다.

이 사람은 선교사인가? 지금까지의 개념으로 보면 선교 위원회에서 파송한 사람도 아니고 큰 성경책을 들도 다니지도 않는다. 하지만 그는 선교사다! 이처럼 용기를 가지고 하나님 앞에 엎드리며, 하나님께서 그분의 일을 맡길 사람이 많이 필요하다.

10 어떻게 주는가?

벼랑 끝에 서는 용기 · Daring to live on the edge

어떻게
주는가?

이런 일을 경험한 적이 있는가? 당신은 교차로에서 차 안에 앉아 있는데(마침 보도 가장 가까운 곳이다), 보도에 가족인 듯한 성인 남녀와 아이가 초라한 차림으로 서 있다. 그 남자는 "먹을 것만 주시면 무슨 일이든 하겠습니다."라는 글이 적힌 판을 들고 있다. 어떻게 하겠는가?

당신은 집에 돌아와 소파에 앉아 우편물들을 훑어본다. 청구서 뭉치, 광고지, 그리고 두 개의 뉴스레터…. 한 통은 매끈한 어투의 전문적인 편지 같다. 읽기 편하게 중요한 구절에 누군가 밑줄을 그어 놓은 듯 보이지만 자세히 들여다보니 그 밑줄도 인쇄한 것이다. 다른 한 통에는 항공 우편 마크가 찍혀있다. 편지 두 통 모두 러시아에 보급할 성경을 산다든지 북아프리카에서 굶어죽는 사람들을 먹이는 일을 하는 데 필요한 돈을 부탁하는 편지다.

이제 당신은 가볍게 잡지를 편다. 큰 눈을 한 갈색 피부의 여자 아이가 당신을 바라보고 있다. 모닝커피 한 잔 값 정도를 요구하며, 당신이 그 여자아이를 정기적으로 먹여 살릴 수 있다는 문구가 실려 있다.

어떻게 이러한 요구에 다 응답할 수 있는가?

어떤 사람들은 도와달라는 모든 외침에 마음이 굳어져 냉담한 반응을 보인다. 그들은 집 없는 사람들에게 정말로 일자리를 원한다면 할 일을 찾을 수 있을 거라고 말하거나 아예 못 본 체한다. 교차로 곁에서 글자판을 들고 있던 남자의 표정을 지워버리기 위해서는 조금만 노력하면 된다. 차 속에 앉아서 똑바로 앞을 쳐다보거나 신호가 언제 바뀔지 생각하며 라디오 채널을 바꾼다. 자동문 잠금 스위치가 제자리에 놓여있는지 확인을 할 수도 있을 것이다.

도와달라는 소리가 끊임없이 쏟아지면 마음이 강퍅해지거나 눌리게 된다. 교회에 헌금을 드리지만 대부분 자신이 도와줄 수 있는 것보다 더 많은 요청을 받는다. 어떻게 도와달라는 외침에 온유함을 잃지 않을 수 있을까? 베풂에 있어 어떻게 주께 마음을 열 수 있을까?

성령의 이끄심을 따라 주기

올바르고 부드럽고 인정 있는 마음을 유지하는 유일한 방법은 베푸는 것에 관해 하나님의 이끄심을 구하는 것이다.

주는 법을 배우는 첫 번째 방법은 먼저 하나님께 묻는 것이다. 하나님은 그의 양은 그의 목소리를 들을 수 있다고 약속하신다. 지금 당장 도와달라는 요구를 받을 때마다 도와주어야 하는지, 얼마를 주어야 하는지 하나님께 묻겠다고 결심하라. '아니'라고 하시면 하나님이 그의 요구를 다른 방법으로 채우시리라고 믿으면 된다.

때때로 주지 않는 것이 순종에 관한 진짜 시험일 때가 있다. 돈 프라이스는 70년대에 짐바브웨(당시 로디지아)에서 일하던 소규모 팀 리더였다. 팀원 중에 비엔 스켈버튼이라는 호리호리한 금발의 남자가 있었다. 12월 어느 이른 아침에 비엔이 돈에게 함께 기도해 달라고 부탁했다. 비엔은 아프리카에서 일 년 동안 단기 사역자로 일하고 있었는데 병역 문제로 노르웨이로 돌아가야 했기 때문이다.

"돈, 시기에 관해 함께 기도해 주셨으면 해요. 내 생각으론 지금이 집으로 돌아가야 할 때인 것 같지만 하나님의 뜻을 잘 모르겠어요."

돈은 엎드려 비엔과 함께 기도했다. 그러고 나서, 비엔에게 12월 31일에 떠날 것을 제안했다. 그날, 학생들은 럭스에어 사(社)의 저렴한 정기 항공편으로 스위스에 있는 YWAM 로잔 베이스로 갈 예정이었다. 비엔은 룩셈부르크까지는 학생들과 함께 간 다음에 계속해서 노르웨이로 갈 수 있었다. 비엔도 그 생각이 옳다고 느꼈고, 곧 팀의 활동을 돌보느라 그 문제를 잊어버렸다.

학생들이 떠나기 전날, 비엔이 돈을 찾아왔다.

"아직도 하나님께서 내가 내일 떠나기를 바란다고 생각하세요?" 비엔이 물었다. "예." 돈은 비엔과 함께 기도했던 날을 떠올리며 대답했다. "하나님께서 그날을 우리의 마음속에 주셨다고 생각해요. 당신도 그렇게 생각하잖아요."

"그렇기는 합니다만…." 금발의 젊은이는 말끝을 흐렸다.

"왜, 뭐가 잘못되었습니까?"

"음, 차비가 없거든요. 하나님께서 내가 가야 한다고 말씀하셨고 언제 가야 할지 말씀하셨다면 집으로 돌아갈 차비도 주실 거라고 생각했어요. 비행기 표를 사려면 2백 랜드가 필요해요. 예약을 하려니까 대기하라고 하더군요. 그런데 내게는 아직도 차비가 없어요!"

돈은 놀라움을 감추면서 고개를 끄덕였다. 비엔이 짐바브웨보다 더 부유한 노르웨이에서 왔기에 당연히 집으로 돌아갈 차비가 있을 것이라고 생각했던 것이다.

비행기가 떠나기까지는 24시간이 채 남아있지 않았다.

"우리가 바로 들었는지 다시 한 번 하나님의 뜻을 살펴봅시다." 돈의 제안으로 두 사람은 함께 기도한 후에 침묵하며 기다렸다.

"나는 여전히 내일 떠나야 한다는 생각이 들어요." 비엔이 마침내 이야기를 꺼냈다. 돈도 동의했다. 아니기를 바랐지만 자신도 똑같은 느낌을 받았기 때문이다. 한 주만 더 있었다면 문제는 크게 달라졌을 것이다. 자신이 알고 있는 그리스도인 몇 명에게 비엔에 관해 말하거나 다른 어떤 방법이 있었을 텐데….

그러나 24시간밖에 남아있지 않았다. 어떻게든 아침이 되기 전에 주님이 2백 랜드를 마련해 주실 것이다. "하나님께서 당신과 함께하시리라고 믿어요." 돈은 자신 있게 한마디를 덧붙였다. "내일 아침 공항에서 만납시다!"

다음 날, 돈은 공항에 늦게 도착했다. 마지막 몇 분을 남겨두고 자잘한 일들을 하며 스위스로 떠나는 학생들을 돕느라 바빴기 때문이었다. 돈이 공항에 들어섰을 때 무리 중에서 비엔의 금발 머리가 눈에 확 들어왔다. 비엔에게로 걸어가면서 보니, 불룩한 배낭이 그의 옆에 놓여 있었다.

"비행기 삯이 생겼습니까? 비엔?" 돈이 물었다. 비엔은 머리를 가로저으며 애써 살며시 웃음 지었다. "아닙니다. 그렇지만 남은 몇 분 안에 주님이 2백 랜드를 주시지 않을까요?"

돈은 서둘러 탑승 수속을 하는 곳으로 가서 다른 사람들을 도왔다. 걱정을 감추려고 웃고 떠들며 무거운 짐을 나르느라 애썼지만 염려는 금세 두려움으로 바뀌었다. '저 젊은이는 하나님께서 돈을 마련해 주시리라고 믿고 있어!' 돈은 누군가가 주의 이끄심에 따라 비엔에게 차비를 주거나 아니면 뜻밖의 헌금이 들어올 것이라고 생각했었다. 그러나 아무 일도 일어나지 않았다. 비행기는 몇 분 뒤에 떠날 것이다. 어떻게 그 젊은이에게 설명할 수 있을까? 돈은 하나님의 인도하심을 믿었다가 그분의 공급하심에 대한 기대가 무너진 이 젊은이에게 책임을 느꼈다.

돈은 대기석에서 자리를 하나 찾아 앉았다. 그리고는 마치 기적이 일어나 비엔을 도울 수 있을 만큼 충분한 돈이 생긴 것처럼 주머니를 털어 남은 돈을 세었다. 20랜드가 채 되지 않았다. 돈은 아내와 비서를 불러서 상황을 설명하고 돈이 얼마나 있는지를 물었다. 지갑을 샅샅이 뒤졌지만 몇 푼이 더 있을 뿐이었다.

이미 학생들은 줄을 서서 비행기를 타기 위해 여권 조사를 받고 있었다. 이미 게이트 안으로 사라진 학생들도 몇 명 있었다.

"돈! 돈!"

무리지어 출구 쪽으로 나가는 들뜬 사람들 머리 위로 누군가 돈의 이름을 불렀다. 스위스로 훈련을 받으러 떠나는 마이크 킬렌이었다. "이 돈은 여기서 선교하는 데 쓰세요!" 마이크는 소리를 지르면서 돈을 향해 활짝 웃으며 봉투를 흔들었다. 마이크는 게이트 안으로 들어가기 전에 그것을 뒤로 돌렸고 줄을 서 있던 학생들이 그 봉투를 전달하여 돈에게 건네주었다. '알았어요, 하나님. 이때까지 오래도 기다리셨군요!' 돈은 이렇게 생각하면서 봉투를 열어 돈 뭉치를 꺼냈다. 재빨리 돈을 세어 보니 비엔의 비행기 표를 살 만큼의 값이었다.

그러나 돈은 하나님이 마음속에 이르시는 말씀을 분명하게 들었다. 너무나도 분명한 말씀이었다.

'이 돈은 비엔을 위한 것이 아니다.'

돈은 마음이 내려앉았다. 뒤를 돌아다보니 비엔은 서서 창밖을 멍하니 바라보며 기다리고 있었다. 승객들의 줄도 거의 사라졌다. '그래도 비엔이 봉투를 보지는 못했어.' 돈은 무거운 마음으로 기도했다. '알았어요, 하나님. 비엔에게 돈을 주지 않겠어요. 그러나 제발, 다른 일이 일어나게 해주세요!'

바로 그때, 델마 브루드릭이라는 소녀가 돈에게 다가왔다. 그 소녀는 새로 온 자원자로 로디지아에서 그들과 함께 일하고 있었는데 스위스로 떠나는 친구들을 배웅하러 공항에 나온 것이었다. 델마는 다음과 같이 말했다. "돈, 내게 여행자 수표로 2백 랜드가 있는데요, 혹시나 해서 그 돈을 가져왔어요. 그런데 하나님이 이 돈을 집으로 돌아가려는 저 노르웨이 청년에게 주라고 말씀하시는 것 같아요."

돈은 한숨을 내쉬며 말했다. "하나님을 찬양합시다!" 서둘러 고맙다는 말을 하고 두 사람은 여행자 수표를 가지고 교환소로 달려갔다. 두 사람이 수표를 바꿔 돌아올 때쯤 사람들은 모두 떠나고 없었다. 등을 지고 서서 돈의 아내 시실리아와 다른 친구들과 함께 이야기를 하고 있는 비엔의 모습이 보였다. 돈이 비엔이 있는 곳에 닿기 전에 항공사 직원이 비엔을 불렀다. "스켈버튼 씨, 한 분이 취소를 하셨습니다. 표를 사실 수 있습니다!"

비엔은 배낭을 들고 그 직원을 향해 걸어갔다. 돈은 더욱 빨리 비엔을 향해 다가갔다. 직원이 비행기 삯을 달라고 하는 바로 그때, 돈이 비엔 곁에 다다랐다.

"여기 있습니다!" 비엔이 채 대답하기도 전에 돈이 직원에게 돈을 내밀며 말했다. 비엔에게 무슨 일이 일어났는지 이야기할 시간이 거의 없었다. 비엔은 돈을 껴안고 나서, 가방을 짊어지고 출구를 향해 뛰어갔다.

조건 없이 주기

주는 법을 배우는 두 번째 방법은 돈에 대한 자신의 권리를 포기하는 것이다. 많은 사람들이 청지기 의식과 베푼 돈을 계속해서 다스리려는 욕망을 혼동한다. 사람들은 주면서도 자기들이 헌금한 돈이 어떻게 쓰였는지 관여한다. 무의식중에 헌금을 받은 사람이나 선교사를 다스리려는 욕구가 있다.

용도를 지정해서 헌금할 수는 있지만, 그 돈으로 일이나 사람을 움직이려 해서는 안 된다. 하나님의 뜻에 따라 돈을 주었다면, 그들이 돈을 어떻게 쓰는가는 하나님께 맡기라.

주는 법을 배우는 세 번째 방법은 방금 이야기한 것과 상반된 것처럼 보일 수도 있다. 당신의 돈이 어떻게 쓰이는지 알아보는 것이다.

이것은 중요하다. 하나님의 일에 드린 돈을 어떻게 쓰고 있는지 아는 것은 성경적이며 바람직한 일인 동시에 부분적으로는 헌금한 사람의 의무다. 헌금한 액수 중 얼마가 처음에 의도했던 사역에 쓰이고 있는지, 그 외 얼마가 간접비와 행정비, 그리고 더 많은 헌금을 모으는 데 쓰였는지도 알아보라.

헌금하는 것을 보면 사람들마다 특색이 있다. 사람에게 헌금하고 싶은 사람들도 있고 시작과 끝이 분명한 프로젝트에 헌금하고 싶은 사람들도 있다. 구제 사역에 헌금하는 사람도 있고, 전도 사역에 헌금하는 사람도 있다. 또 자신이 드린 헌금이 많은 열매를 맺는 것을 보려고 훈련이나 통신 선교에 헌금하기 좋아하는 사람들도 있다.

각자의 기호는 나쁘지 않지만, 우리는 모두 마음을 열고 성령의 이끄심을 받아야 한다. 나는 개인이 개인에게, 교회나 단체가 프로젝트에 헌금하는 것이 가장 자연스럽다고 생각한다.

YWAM 안에서 우리는 주고받는 것에 관해 또 다른 사실을 경험했다. 그것은 바로 기독교 단체가 다른 기독교 단체에게 베푸는 것이다. 나는 『네 신을 벗으라』(예수전도단 역간)에 선교 목적으로 큰 배를 사려고 처음 시도할 때 겪은 아프고 힘겨운 과정에 대해 썼다. 하나님은 우리에게 OM(Operation Mobilization) 단체가 배를 살 수 있게 13만 달러를 주라고 하셨다. 마침 OM은 선교 목적으로 배를 사려던 참이었다. 그런데 놀랍게도 주님은 '마지막 날의 선교사들'Last Days Ministries, '700인 모임'The 700 Club, '빌리 그레이엄 전도협회'The Billy Graham Evangelistic, '데이비드 윌커슨 청년 십자군' David Wilkerson Youth Crusades과 같은 단체들이 우리에게 헌금하게 하셨다. 결국 그 많은 헌금으로 우리는 다시 구제용 선박인 아나스타시스 호를 살 수 있게 되었다.

이것은 우리에게 그리스도의 몸 안에 있는 다른 지체들이 필요하다는 것을 일깨워 주었다. 우리가 특별하다는 생각, 즉 YWAM이 다른 선교 단체나 모임보다는 조금 낫다는 생각의 유혹이 조금이나마 있더라도, 그들에게서 헌금을 받았을 때 이런 어리석은 속삭임은 잠잠케 된다.

하나님의 생각을 품기

도움을 필요로 하는 사람이 눈앞에 보이지 않는다고 해서 마음까지 멀어지는 경향을 피하라. 누구나 자기 가족, 자기 이웃, 자기 나라에 더 관심이 많다. 그러나 온 땅을 다스리시는 하나님은 늘 우리를 자기만의 좁은 세계에서 끌어올리려 하신다. 하나님의 관심과 사랑은 우리 동네나 나라에 국한되지 않는다. 지도책을 구입해서 연구하고, 신문과 잡지의 국제면을 읽으라. 지리적인 눈을 떠서 온 땅을 살피고 열방을 위해 기도하라. 그리고 하나님이 이끄시는 대로 온 땅에 베풀라.

또한 '정크 메일'junk mail 들을 팽개치지 마라. 사실, 나는 기독 우편물에 관해서 그런 말을 쓰지 않기로 했다. 하나님이 추수를 위해 다른 지역에서 자신의 종들과 함께 일하심을 알려주는 우편물은 쓰레기가 아니다. 가능한 그 우편물들을 자세히 훑어보거나, 주님의 이끄심에 마음을 열거나 열 수 있는 다른 누군가에게 줘야 한다.

헌금을 받는 법

헌금은 대부분의 교회에서 드리는 예배 가운데 가장 생각 없이 하는 일 중에 하나일 것이다. 설교자는 성경의 교훈들을 어떻게 하면 잘 전할 수 있는지 배우기 위해 성경 연구 학교나 신학교에 간다. 설교하러 강단에 올라갈 그때를 위해 연구하고 준비하는 데 한 주간의 노른자위 시간을 할애한다. 반주자와 예배 인도자들도 재능을 갈고닦는 데 시간을 들이며 매주 주일 예배 인도를 위해 몇 시간 동안 준비한다.

그러나 헌금을 어떻게 받아야 하는지, 헌금을 받는 데 얼마나 시간을 들여 기도해야 하는지를 배우려면 어디로 가야 하는가? 보통은 헌금 바구니가 지나가는 동안 사람들의 마음을 끌기 위해 음악을 연주하는 것이 헌금을 위한 준비의 대부분이다.

그렇지만 성경에는 헌금에 대한 이야기가 365가지나 된다! 이것들을 읽어 보면 정말 다채롭고 감격적이고 흥분되는 이야기들임을 깨닫게 될 것이다. 리더는 우선 하나님과 시간을 보내며 하나님의 인도하심을 받고 난 다음에 사람들에게 헌물을 바치라고 도전한다. 성경에서 헌금은 '영적인' 것들 사이에 샌드위치처럼 끼어있는 것이 아니라 참으로 영적인 것이며, 기쁨으로 내맡기는 것이라고 표현하고 있다.

그 예로 첫 번째 성막을 짓는 데 드린 헌금에 관해 읽어보라(출 25). 마음이 감동한 사람들이 모세의 요청을 들었다는 점에 주목하라. 그들은 성막을 짓는 데 필요한 물건들을 아주 조심스럽게 발표한다. 구체적으로 금과 은, 놋, 기름, 향품, 보석, 자색과 홍색 실이 필요하기 때문에 사람들에게 예물을 물건들로 드리라고 하였다.

모세는 또한 솜씨 좋은 일꾼들은 다 와서 성막을 만들자고 하였다(출 35:10, NIV). 많은 헌물들이 쏟아지고 성막을 짓는 것을 돕고자 오는 무리들로 넘쳐나는 모습이 오늘날 헌금을 내는 우리들의 모습과 얼마나 대조되는지 보라.

당시의 사람들은 오늘날 일반적으로 교회에서 사용하고 있는 조그만 헌금함을 사용할 수 없었을 것이다. 헌금을 할 때 손을 감출 수 있는, 막대기가 달린 헌금 주머니는 더더구나 사용이 불가능했을 것이다(헌금 주머니를 사용하면 눈에 띄게 헌금이 줄어든다는 것을 읽은 적이 있다). 이스라엘 자손들은 틀림없이 수레에 헌물을 끌고 와서 주님 앞에 산

더미처럼 쌓았을 것이다. 백성들이 예물을 드리는 것이 7일 동안 계속 되었고 결국에는 모세가 사람들에게 예물을 더이상 가져오지 말라고 말해야 했다(출 36:6). 주님의 일을 하는데 필요한 것들이 넉넉히 채워졌기 때문이다.

교회에서 이 같은 일을 본 적이 있는가? 나는 아직 사람들에게 그만 내라고 해야 할 만큼 하나님을 사랑하는 마음에서 헌금이 풍성하게 쏟아져 나오는 것을 본 적이 없다. 그렇지만 넘치는 기쁨으로 드리는 것을 보았고, 사람들이 그러한 태도로 헌금할 수 있게 독려해야 하는지에 대한 하나님의 방법을 조금 알게 되었다.

리더가 과감하게 헌금해야 한다

진정한 드림은 리더가 하나님의 음성을 들으려 하고 그 음성에 순종하여 사람들에게 선포함으로써 시작된다. 모세의 예처럼 주마다 거창한 헌금식을 가져야 한다고 말하는 것이 아니다. 다만, 힘에 지나게 드려야 할 때가 있는데 그것은 하나님이 사람들을 커다란 믿음으로 이끄시는 기회다. 이런 때에 리더들은 하나님의 음성을 들어야 하며, 평소보다 더욱 풍성하게 드릴 수 있도록 과감하게 이끌어야 한다.

앞장에서 말했듯이 하나님은 몇 년 전에 우리를 인도하셔서 독일

홀라흐에 있는 성을 사게 하셨다. 우리는 뮌헨 올림픽 전도 여행 기간에 1천여 명의 식구들과 함께 그 성에 묵었다. 전도 여행이 끝나고 1백여 명의 간사들과 훈련 중인 선교사들이 그 성에 묵었는데 여러 번으로 나누어서 중도금을 지불해야 했다. 한 번은 중도금을 지불할 때가 되었는데 돈이 얼마 남지 않았다. 두 달 내로 약 20만 마르크 또는 12만 달러가 필요했다.

나는 소그룹 리더들을 불러 모았다. 우리 여섯 명은 데이비드와 캐롤 보이드가 사는 성 근처 작은 아파트에서 만났다. 우리는 식탁에 둘러앉아 하나님께 어떻게 우리의 부족함을 채우실지 보여 달라고 구했다.

하나님의 임재하심을 기다리고 있으려니 마음속에 하나님의 음성이 들렸다. '네가 가지고 있는 돈을 모두 내라. 내가 학생들과 간사들이 그 열 배를 내게 하겠다. 그리고 그 총액의 열 배를 YWAM의 외부에서 공급해 주겠다.'

나는 하나님의 인도라고 느낀 것을 이야기했고 다른 사람들도 이에 동의했다. 누군가가 하나님은 우리가 과감하게 내기를 바라시며, 그렇게 할 때 우리에게 큰 기쁨이 있을 것이라고 덧붙였다.

당시 차량 유지를 맡고 있던 존 뱁콕도 내 생각에 동의하며 말했다. "리더로서 우리가 앞장을 서야 합니다. 우리 부부는 아이들의 졸업식에 참석하러 집으로 돌아가기 위해 일 년 내내 저축을 해왔습니다. 그런데 그 돈을 내야 한다고 생각합니다." 존은 수백 달러의 수표를 식탁 위에 내놓았다.

다른 사람들도 돈을 내놓기 시작했고, 마침내 식탁 위에는 약식 차용 증서를 포함해 약 1천2백 달러가 모였다.

그 다음 날, 우리는 간사들과 학생들에게 필요한 액수를 말했다. 그렇지만 하나님이 우리 리더들에게 하신 말씀, 즉 우리의 헌금액이 그들 헌금액의 십분의 일이 될 것이라고 하신 말씀은 하지 않았다. 다만, 모인 젊은이들 1백여 명에게 조용히 하나님 앞에 서서 자신이 헌금하기를 바라시는지, 그렇다면 얼마를 하기 바라시는지를 물으라고 했다.

침묵의 시간이 지난 뒤에 그들은 돈을 내어놓기 시작했다. 돈과 수표를 모두 세고 거기에 시계와 카메라 등의 헌물을 합치니, 앞서 리더들이 낸 것의 열 배쯤 되었다. 그날부터 외부의 그리스도인들에게서 헌금이 들어왔는데 대부분은 독일에 사는 그리스도인들이 보내온 것이었다. 헌금과 뜻밖의 수입으로 우리가 모은 돈의 열 배가 채워졌고, 빚을 다 갚을 수 있었다.

나는 그때부터 하나님이 어떤 모임의 리더들에게 나중에 그 모임에서 낼 돈의 10퍼센트를 내라고 요구하시는 것을 자주 보았다. 정확하게 딱 10퍼센트는 아니었지만 리더들은 늘 과감한 믿음을 보여야 했다. 어느 정도 할 것인지는 리더들이 결정했다. 리더들이 희생적으로 헌금할수록 따르는 사람들도 그 사실을 알지 못한 채 희생적으로 헌금하였다. 리더들이 어떻게 헌금했는지 성령님은 아시며 그분은 리더가 순종한 대로 사람들의 마음을 움직이신다. "이스라엘의 영솔자들이 영솔하였고 백성이 즐거이 헌신하였으니"라는 사사기 5장 2절의 말씀처럼 말이다. 성령님은 리더가 믿음을 실천할 때 그 믿음이 사람들 사이에서 배가되도록 역사하신다.

구약을 보면 다윗 왕은 헌물을 드리는 것에 관해 리더십을 보였다. 사람들은 성전을 짓기 위해 돈과 물건을 모으고 있었다. 역대상 29장은 먼저 다윗이 낸 금과 은, 놋, 철, 나무, 마노와 보석을 언급한 다음에 사람들이 그의 희생적인 모습을 본받아 낸 것들을 나열하고 있다.

목재 헌금

때때로 주님은 특별한 방법으로 헌금을 하게 하신다. 그것은 사람들의 상상력을 사용하는 방법이다. 내가 어렸을 때, 우리 아버지는 지프차를 예배당 강단 위로 밀어 놓으시고 사람들에게 아프리카 선교를 위해 그 차를 사자고 말씀하셨다. 회중석과 친교석을 분리하는 칸막이를 당분간 치워놓는 등 차 한 대를 교회 안에 들여놓기 위해서 많은 수고를 했다. 교인들이 줌으로써 얻는 감동을 맛보기 원하셨던 것이다. 탄탄한 지프를 보면서 그 차가 아프리카 정글에 있을 것을 생각하니 어린 내게도 퍽 인상적이었다. 나는 무척 감동이 되어 개인적으로 차를 사려고 모아왔던 돈을 드리기로 했다. 그리고 여러 해 뒤, 나는 배낭으로 전도 여행을 가는 중에 서부 아프리카에서 바로 그 지프차를 타는 특권을 누렸다.

나는 아버지가 사용한 방법을 기억하며 하나님이 주신 말씀에 따라 YWAMer들에게 특별한 헌금을 하라고 권면한 적이 있다. 한 번은 하와이에 있는 선교 대학을 짓는데 목재를 준적도 있다. 우리는 아직 돈을 지불하지도 않은 엄청나게 많은 목재를 학교 만남의 광장 근처에 잔뜩 쌓아두었다.

우리는 기도했다. 그리고 마음이 이끌리는 대로 저마다 한두 개의 판자를 고르러 가서는 각자 값을 지불할 목재에 자기 이름의 머리글자를 쓰거나, 성경의 약속 또는 하나님께 헌신하겠다는 글을 남겼다. 그때 쓴 글들은 가려지겠지만 그 내용은 하나님과 우리 마음속에 여전히 남아있을 것이다.

나중에 그 내용들을 읽으니 눈물이 날 것 같았다. 그날 밤 나무판 위에 머리글자를 적은 아이들이 언젠가 선교사 훈련 학교에 다니고 있을 것이라는 생각이 들었기 때문이다. 젊은이들이 자기의 글이 적힌 목재가 어디 있을까 궁금해하면서 교실 안에 앉아 있는 모습을 상상해 보라!

빵과 물고기 헌금

또 한 번은 하와이에 있는 YWAM 국제 대학에 과학 기술 연구용 건물을 짓기 위해 25만 달러가 필요했다. 리더 열두 명이 만났을 때 주님은 보리 떡 다섯 개와 물고기 두 마리로 5천 명을 먹이신 이야기를 생각나게 하셨다. 우리 앞에도 예수님의 제자들이 맞닥뜨렸던 것과 별 다를 바 없는 불가능한 상황이 놓여 있었다. 마치 도시락을 가져온 그 아이처럼 우리도 우리의 '도시락'을 주께 드림으로써 배가시켜야 한다고 말씀하시는 것 같았다.

우리들은 많은 사람들이 모여 헌금할 때에 헌금이 늘어나리라고 믿으면서 각자 얼마를 드려야 하는지를 물었다. 그러나 이번에는 독일의 경우와 달랐다. 대부분의 사람들이 낼 돈이 없었기 때문에 우리는 믿음의 서약을 하였다.

알랜과 패이 윌리엄은 당시에 코나에서 리더로 섬기고 있었는데, 돈이 하나도 없지만 주님을 믿고 1천 달러를 하나님께 드려야 한다는 느낌을 받았다. 그들은 다른 사람에게 돈이 부족하다는 말을 하지 않고 마음속으로 기도했다. 그로부터 몇 주 동안 우편을 통해 1천 달러가 들어왔다.

또 다른 리더 브루스 탐슨 박사는 하나님이 어떤 사람에게 2천 달러를 달라고 하라는 마음을 주신다고 느꼈다. 탐슨 박사는 그 말쏨에 순종해서 자신의 몫을 냈다. 이런 식으로 헌금과 다른 리더들로부터 받은 약정 헌금이 2만 5천 달러쯤 되었다.

그 다음 날, 우리는 간사들과 학생들 7백 명에게 '오병이어' 식사를 한 다음에 헌금하는 시간을 갖겠다고 알렸다. 건물 사이에 아주 커다란 잔디밭이 있었다. 우리는 잔디 위에 매트를 깔고, 오는 사람들을 무리지어 앉힌 다음에 필요한 돈을 공개했다. 내가 하나님이 간사들과 학생들을 통해 25만 달러를 공급해 주시리라고 믿는다고 말하자 모두 조용해졌다. 그러나 흥분으로 눈을 반짝이는 사람들도 있었다. 나는 예수님이 5천 명을 먹이신 사건을 큰 소리로 읽었다.

그러고 나서 리더들은 권고와 설명을 곁들여 찬물과 프렌치 빵과 피시 스틱(가늘고 긴 생선에 빵가루를 묻혀 튀긴 것)을 나눠 주었다. 7백 명의 사람들은 음식을 먹으면서 저마다 하나님께 자신이 헌금을 해야 하는지, 얼마나 해야 하는지 물었다. 폴리네시아 찬양 그룹인 아일랜드 브리즈 팀이 예배와 찬양을 인도했다.

물고기와 빵을 돌린 다음에 리더들은 접수계 직원들처럼 돈과 약식 차용 증서를 바구니에 모아서는 회계원들이 계산기를 갖고 대기하고 있는 사무실로 갔다.

회계원장 마틴 레저가 1차 합계를 가지고 왔을 때 나는 찬양을 멈추고 발표했다. "목표액 25만 달러 중에서 1천2백 달러가 모였습니다!" 잔디밭에 앉아 있는 사람들 사이에 침묵이 흘렀다. 풀이 죽은 것이다.

그러나 계속해서 하나님을 높이며 찬양하는 동안 여기저기서 종이에 작정 액수를 쓰거나 돈을 꺼내려고 주머니에 손을 넣었다. 마틴이 2차 합계를 가지고 왔을 때 나는 6천 달러가 모였다고 발표했다.

만찬과 예배를 하는 데 2시간쯤 걸렸다. 총액이 점점 늘어나더니 6천 달러에서 1만 4천 달러가 되었다. 그리고 2만 7천 달러, 3만 2천 달러, 4만 7천 달러로 점점 불어나더니 마침내 10만 달러가 모였다. 사람들이 드리려고 했거나 드릴 수 있을 거라고 생각한 금액을 훨씬 웃돌았다. 많은 간사들과 학생들이 자기들이 마련할 길이 없을 만큼의 헌금을 해야 한다는 느낌을 받은 것이다. 그들은 알랜과 패이 윌리엄처럼 돈이 들어오기를 기도할 것이다.

마침내 땅거미가 짙게 내리고 밤이 되었을 때 미네소타에서 온 부부가 마음을 정하고 종이에 액수를 적어 바구니에 집어넣었다. 그 부부는 그 전해에 자동차 사고로 고등학교에 다니던 아들을 잃었다. 그 아들은 태평양 군도에서 과학 기술 분야를 연구하며 하나님을 섬기고 싶어 했다. 그 부부는 아들에게 물려주려 했던 섬을 드리기로 작정했다. 그 부부가 시세를 고려해 어림잡은 섬의 값어치를 더하니 25만 달러가 되었다.

마틴이 와서 그 사실을 알리자 박수가 터져 나왔다. 우리는 필요한 것을 채워주신 하나님의 방법을 찬양하였다.

순종하면 하나님은 어떤 상황에서든 공급하신다. 주의 음성을 듣고 하나님이 헌금에 관해 말씀하시는 것을 행할 때, 사람들의 필요는 채워질 것이다. 하나님은 얼마를 헌금해야 할지 묻고 순종할 사람들을 이미 그 안에 두셨다. 그러나 그런 기적을 체험하려면 먼저 순종해야 한다.

담요 위로 헌금 던지기

회의에서 연설을 하기 위해 피츠버그로 날아가고 있을 때였다. 공항이 가까워지자 주님이 내 마음속에 말씀하셨다. '이 도시에 새로 세우려는 방송국을 위해 헌금을 모으기 바란다.' 나는 깜짝 놀랐다. 내가 아는 사람 중에 그곳에 기독교 방송국을 세우는 일에 관심을 가진 사람은 아무도 없었기 때문이다.

그러나 느낌이 매우 분명했기에 도착한 후 내가 연설하기로 한 회의의 의장인 러스 빅슬러에게 그 이야기를 꺼냈다. 러스에게 내가 받은 말씀을 이야기하자, 러스는 벌떡 일어나더니 입을 벌리고 어안이 벙벙한 표정으로 나를 쳐다보았다. 그리고는 다음과 같이 말했다. "로렌, 나는 TV 방송국을 세우려고 합니다. 당신이 이 사실을 전체 회의에서 말해줘요. 이 생각이 하나님께로부터 온 생각인지 의심하는 사람들이 있답니다."

나는 이것이 하나님의 뜻이라는 데 동의하는 사람들과 만났다. 그들은 내게 헌금을 모으라고 했다. 나는 방으로 돌아와서 하나님께 그 일을 어떻게 이루실지 물었다. 하나님은 기드온 이야기를 생각나게 하셨다. 기드온은 겉옷을 펴고 사람들에게 그 위에 금을 던지라고 하였다. 여기서 금이란 탈취한 금귀고리를 말하는 것이었다.

이 방법을 따르기로 하고 그날 밤 나는 묵고 있는 호텔 방에서 담요를 가지고 회의장으로 갔다. 나는 비행기 안에서, 그리고 기드온 이야기를 통해서 하나님이 내게 가르쳐 주신 것을 사람들에게 전한 후에 앞으로 나와 헌금을 담요 위에 던지라고 하였다.

회의장은 객석이 여러 층인 아주 큰 강당이었다. 헌금이 시작되자 사람들은 앞으로 쏟아져 나와 담요 위에 돈을 던졌다. 위층 객석에서는 난간 너머로 몸을 기울이고 담요 위로 돈을 던지는 사람들도 있었다. 우리 모두가 하나님께 순종하는 찬양과 즐거움에 들떠 기쁨의 제사를 드리는 시간이었다. 귀금속을 던지는 사람들도 있어서 기드온이 돈을 모을 때와 더욱 비슷했다. 담요 위에 던진 돈의 합계를 발표했을 때 정말 깜짝 놀랐다. 그 돈은 사사기 8장 26절에 나오는 총액과 거의 정확하게 맞아떨어지는 2만 5천 달러였다(Living Bible).

러스 빅슬러는 결국 텔레비전 방송국을 사들였다. 그는 이제 자신들에게 다섯 개의 방송국이 있다고 말했다.

이런 일이 피츠버그에서만 있었던 것은 아니다. 다른 곳에서도 그와 비슷한 감격적인 헌금이 있었다. 그 중 하나는 영국에서 열린 케이펄 성경 회의Capel Bible Conference에서 일어났다. 사람들은 헌금을 낸 후에 회의장 바깥 잔디밭에서 노래하며 둥글게 돌다가 신호에 따라 급히 앉는 놀이를 하면서 춤을 추었다.

캘리포니아 애로헤드 스프링에서 열린 목회자 회의에서는 사도행전 4장 37절의 예처럼 돈을 '사도들의 발' 앞에 두라는 느낌을 받았다. 그래서 우리는 회의에 참석한 성경 교사들 발 앞에 헌금을 놓았다. 방법은 여러 가지였지만 거의 모두가 극적이었고 커다란 효과가 있었다. 성경에서 말하는 헌금은 사람들의 움직임을 요구한다. 성경을 보면 헌금을 드리려고 앞으로 나갔지, 수동적으로 앉아서 헌금 바구니가 돌아올 때까지 기다리지 않았다.

우리 모두가 성령님과 그분의 이끄심에 민감해진다면 헌금을 하는 것이 삶에서 가장 중요한 부분이 될 것이다. 더욱 넘치도록 헌금할 것이며 방법도 다양해지고 흥분될 것이다. 하나님이 돕지 않으시면 드릴 수 없을 만큼의 헌금을 하게 되는 경우도 자주 있을 것이다. 그렇게 드리는 헌금은 또한 보상을 받을 것이다. 하나님은 다음과 같이 약속하신다.

주라 그리하면 너희에게 줄 것이니 곧 후히 되어 누르고 흔들어 넘치도록 하여 너희에게 안겨 주리라 너희가 헤아리는 그 헤아림으로 너희도 헤아림을 도로 받을 것이니라(눅 6:38).

11 돕는 손길

벼랑 끝에 서는 용기 • *Daring to live on the edge*

돕는
손길

선교를 하는 데 사람들에게 가장 큰 걸림돌이 되는 것은 돈이다. 필요할 때 돈이 생기리라는 것을 어떻게 알 수 있는가? 가족은 어떻게 부양할 것인가? 아이들이 대학에 가거나 치아 교정기를 끼게 될 때는? '믿음으로 하는 선교'라는 말을 쓰는 그리스도인들이 많이 있지만 오히려 그 말이 사람들을 움츠러들게 하는 것 같다. 선교사가 될 만큼 믿음이 깊지 못하면 어떻게 하는가?

먼저 하나님이 당신을 전임 사역자로 부르고 계시는지를 알아야 한다. 하나님은 당신의 부족함을 모두 아신다. 당신에게 아이들이 몇 명 있는지(또는 몇 명을 둘지) 알고 계시며, 점점 쇠약해지는 당신의 부모님을 걱정하신다. 그분은 치아 교정을 받아야 하는 당신의 딸아이에게도 관심을 쏟으신다. 하나님은 실제적인 분이시다. 하나님께 순종하는 것을 두려워하지 마라. 당신이 생각하는 모든 것을 하나님도 생각하신다. 하나님은 모든 것을 알고 계시며 당신이 미처 깨닫지 못한다 해도 당신에게 무엇이 필요한지 생각하고 계신다.

이것이 2장에서 이야기했던 새의 비밀이다. 새들은 걱정하지 않는다. 천부께서 새들을 책임지시기 때문이다. 그리고 그 하나님은 틀림없이 당신과 당신이 돌보아야 할 것을 책임지고 계시다.

하나님은 전임 사역을 하는 사람들을 여러 방법으로 도우신다. 하나님께 어떤 특정한 방법을 강요해서는 안 된다. 자존심이 상하는 것을 못 견뎌 다른 사람들에게 의지하지 않는 사람들도 있는데 그들은 스스로 생계를 유지할 수 있을 때에만 하나님의 일을 할 수 있다고 다짐한다. 다른 이들에게는 자신의 필요를 알리지 않은 채, 하나님이 자신의 필요를 채워주라고 그들에게 직접 말씀하시는 것만이 하나님의 일을 하는 유일한 방법이라고 믿는 사람들도 있다. 이것은 영적인 올무에 빠지는 것이다.

어떤 이들은 너무 의존한 나머지 하나님과의 관계보다는 사람들과의 관계를 좇는 사람들도 있다. 하나님이 다른 방법으로 이끄시면 이런 사람들은 하나님을 믿기 어려울 것이다.

성경은 '믿음은 하나님의 말씀을 들음으로 생겨난다.'고 말씀한다. 이제 막 믿기 시작했든, 오랫동안 사역을 해왔든 하나님이 당신에게 하시는 말씀을 듣고 즉시로 따르라.

성경에 나타난 다양한 경험들을 살펴보자.

- 예수님과 베드로에게 세금 낼 돈이 필요했을 때 예수님은 물고기 입에서 동전을 찾을 것이라며 베드로를 보내셨다.
- 과부가 된 전임 사역자의 아내가 빚 때문에 아들들을 종으로 잃게 되었을 때, 엘리사는 이웃에게 그릇을 빌려서 가지고 있던 기름을 부으라고 말했다. 하나님은 과부가 살아갈 수 있도록 기름을 불어나게 하셨다. 과부는 기름을 팔아 아들들과 함께 살았다.
- 엘리야가 배가 고팠을 때, 하나님은 '물질적 도움'을 구하라고 하셨다. 그러나 돈을 줄 만한 몇 천 명의 사람들에게 편지를 보내는 대신에 너무도 가난한 여인에게 가서 도움을 청하라고 말씀하셨다.

어떻게 생계를 유지하는 것이 가장 성경적인 방법인가? 고기를 잡으러 가는 것인가, 기름을 파는 것인가? 아니면 직접 도움을 청하는 것인가? 성경을 읽다 보면 하나님이 전임 사역자들에게 공급하시는 방법을 하나 발견하게 되는데 그것은 바로 다양함이다. 레위인들은 사람들이 하나님의 집으로 가지고 오는 헌물에 의지해 살았다. 순회 선교사들은 아는 이들의 자발적인 도움에 의지하는 일이 많았다. 사도 바울은 얼마 동안 데살로니가에서 복음을 전파할 때에 생계를 위해 "밤과 낮으로 일하면서" 천막을 지었다(살전 2:9). 그러나 다른 때에는 헌금을 모았고, 리디아처럼 재산이 있는 사람들의 도움으로 먹고 잘 때도 있었다.

예수님은 서른 살이 될 때까지 목수생활을 하면서 생계를 유지하셨다. 그러나 전임 사역을 시작하셨을 때에는 사람들과 함께 살며 다른 사람들의 집에서 식사를 하셨다. 앞장에서 보았듯이 예수님 가까이에는 예수님을 정기적으로 도와주는 사람들이 있었다. 하나님의 아들이신 예수님도 선교 후원자들을 두셨던 것이다(눅 8:3).

물고기의 입에서 얻은 동전 이야기는 예수님도 필요한 것은 하나님께 의지했다는 것을 보여준다. 또한 예수님은 사람들에게 직접 도움을 청하기도 하셨다. 예수님은 예루살렘에 영광스럽게 입성하는 데 타고 갈 것이 필요하셨을 때 제자들을 보내 나귀를 빌려오게 하셨다.

성경에서 설명하는 일반적인 원칙은 하나님의 뜻에 순종하라는 것이다. 보이지 않는 도움의 손길을 받으며 사는 비결은 하나님의 음성을 듣고 하나님이 하라고 이르시는 것을 따르는 것이다. 하나님이 언제나 똑같은 방법으로 당신을 이끄실 것이라고 단정하지 마라. 사고의 유연함을 가지고 하나님의 이끄심을 기꺼이 받아들이라.

먼저 무엇을 해야 하는지 주님께 물으라. 때로 주님은 당신에게 필요한 것을 다른 이들에게 말씀하실 수도 있다. 그분께 순종하라. 어떤 때에는 다른 이에게 말하지 말고 하나님께만 아뢰라고 말씀하실 수도 있고, 어떤 것에 투자를 하라고 하실 수도 있으며, 뭔가를 팔라고 하실 수도 있다. 그분께 순종하라. 하나님은 사업을 하게 하실 수도 있다. 사역을 하면서 생긴 것들이 재정적인 이익을 낳을 수도 있다. 전임 사역으로 부르심을 받았다면 관심을 다른 곳으로 돌리는 모든 기회들을 조심해야 한다. 그러나 예상 외의 선택을 해야 할 때에 마음을 닫는다거나, 어떤 특정한 방식으로만 인도하시도록 주님을 제한해서는 안 된다. 하나님이 베푸시는 모든 기적들은 "너희에게 무슨 말씀을 하시든지 그대로 하라."는 마리아의 권고를 들을 때 시작된다.

카렌 라페티는 잘 나가는 나이트클럽에 출연했었는데, 주님이 그녀를 전임 사역자로 부르셨다. 카렌은 그곳에서 계속 일하면 돈을 많이 벌게 될 것을 알았지만 그것이 하나님의 뜻이 아님을 알았다. 일자리를 그만 두면 무엇으로 먹고 살까?

남캘리포니아 갈보리 예배당에서 하는 성경공부에 참석한 카렌의 머릿속에 마태복음 6장 33절이 떠올랐다. 그 구절이 카렌의 마음에 강하게 와 닿았다. 카렌은 기타를 집어 들었다. "먼저 그 나라와 의를 구하라."는 가사에 맞추어 곡조가 자연스럽게 흘러나왔다. 카렌이 마음속에 들은 그 곡조를 당신도 분명히 들었을 것이다. 그 곡조는 지금 전 세계에서 "그리하면 이 모든 것을 너희에게 더하시리라. 할렐루야 할렐루~야!"로 불리는 바로 그 곡이다.

카렌은 재빨리 곡조를 적어 나중에 그 곡을 팔았다. 지금 카렌은 암스테르담에서 선교사로 살고 있다. 그때 지은 곡은 테이프와 악보로 나왔고 그 곡에 대한 로열티는 지금까지 카렌의 선교를 돕는 데 큰 도움이 되고 있다.

선교사로 나가기 위한 점검 목록

1. 하나님이 이 일을 내게 하라고 하시는가?

하나님이 정말로 내게 말씀하고 계신지를 어떻게 알 수 있는가?[1] 간단한 원칙들이 몇 가지 있다. 느낌은 자신의 생각, 다른 사람의 생각, 하나님의 생각, 사탄의 생각, 이 네 가지로부터 올 수 있음을 기억하라. 마귀로부터 오는 느낌은 어떠한 것이든 간단하게 가라앉힐 수 있다. 예수님의 이름으로 잠잠하라고 명령하기만 하면 된다. "마귀를 대적하라 그리하면 너희를 피하리라"(약 4:7).

그러면 당신의 머릿속에 떠오른 것은 무엇인가? 하나님이 말씀하시는 것 또는 자신의 생각인데 하나님이 바라시는 것이라고 생각할 만큼 그 일을 하고 싶어 하는가? 하나님의 음성을 들으려면 모든 생각을 사로잡아 그리스도께 복종케 해 달라고 구하라(고후 10:5).

하나님은 당신의 갖가지 생각들-다른 사람들의 생각, 당신의 과거 또는 현재의 생각-을 점차 사라지게 하고 잠잠케 하셔서 하나님의 음성만을 분명히 들을 수 있게 하신다. 몸과 마음을 다해 하나님께 순종하면 하나님은 당신이 해야 할 일을 분명하게 알려주실 것이다.

하나님이 당신에게 말씀하고 계신다면 상황을 통해서든, 영적 리더의 동의를 통해서든 기드온이 양털 뭉치를 놓아둠으로써 받은 것과 같이 표적을 통해서든 확증을 주실 것이다. 정직한 마음으로 하나님을 찾고 하나님이 무엇을 말씀하시든 그대로 따른다면 하나님은 확증을 주시는 데 인색하지 않으시다. 모든 결정을 하나님 앞에서 내리고 그것을 새겨서(합 2:2) 행하라.

2. 돈이 얼마나 드는가?

예산안을 세우는 것은 하나님의 이끄심을 따르는 데 있어 매우 중요하다. 영적 리더란 일종의 몽상가와 같아서 천사들이 발아래 뭔가를 놓아줄 것이라고 믿으며 하늘을 걸으려는 사람이라고 생각하는 이들이 있다. 그러나 그것은 사실이 아니다.

성경에 나타나는 가장 큰 기적 중 하나는 예산을 계획하는 데서 시작했다. 예수님이 배고픈 군중들을 먹이라고 제자들에게 말씀하셨을 때, 빌립은 재빨리 어림잡아 본 후에 이백 데나리온(2백 명의 사람이 하루 일하는 삯만큼)으로도 모자랄 것이라고 말했다. 예수님은 그가 셈한 일을 나무라지 않으셨다. 예산을 세우는 것이 영적이지 않다고 할 이유는 하나도 없다.

무엇이 필요한지 목록을 만들라. 하나님이 단기 사역으로 이끄시든, 전임 선교사의 길로 이끄시든 비용을 따져보고 적을 필요가 있다. 다만 너무 궁핍하거나 사치스럽게 예산안을 짜지 않도록 하라. 하나님께 재정을 의뢰하는 한 젊은 여인이 선교하기에 앞서 물었다. "하나님께서 화장품 값도 마련해 주실까요?" 당신에게 필요한 것이면, 하나님께도 중요한 것이다. 그러나 하나님은 우리의 필요를 공급하시겠다고 약속하시지, '탐욕'을 만족시켜 주겠다고 하시지는 않았다는 것을 기억하라.

3. 나는 얼마를 가지고 있는가?

하나님이 말씀하실 때는 언제나 당신에게 무엇이 있는가를 생각하신다. 그분은 당신이 이미 가진 것으로 뭔가를 할 때까지는 기적을 행하지 않으신다. 5천 명을 먹이신 일도 한 소년이 자신의 점심을 내놓음으로써 시작되었다. 엘리사는 가난한 과부에게 집에 무엇이 있는지 고하라고 말했다(왕하 4:2). 과부는 "기름 한 그릇 외에는 아무것도 없나이다." 하고 대답했다.

이미 가지고 있는 것이 보잘것없어 보일 수 있다. 그러나 하나님은 그것을 내놓으라고 말씀하신다. 팔 차가 있는가? 어려움에 대비해서 비축해 둔 것이 있는가? 당신이 가지고 있는 것으로 무엇을 할지 하나님께 물으라. 주님은 뭔가를 팔라고 하실 수도 있고 가지고 있는 것으로 투자를 하라고 하실 수도 있다. 하나님의 이끄심에 순종하는 것이 가장 중요하다.

하나님의 뜻에 순종하는 것은 아무것도 가지지 않는 것이라고 잘못 생각하는 사람들이 있다. 예수님은 한 부유한 관리에게 가지고 있는 재산을 내어 버리라고 하셨다. 그러나 똑같은 부자였지만 니고데

모에게는 그렇게 말씀하지 않으셨다. 선교를 하면서 우리는 종종 하나님이 사람들에게 아주 작은 것일지라도 내어 놓으라고 말씀하시는 것을 보았다. 그들이 하나님께 돈을 구하고 있었을 때라 하더라도 그러했다. 욕심이나 다른 사람의 조종에 의해 드린 헌금이 아닌, 주님께 순종하는 마음으로 드린 것이라면 많은 경우에 돈을 주는 것은 돈을 얻는 방법이다.

4. 다른 사람에게 필요를 알려야 하는가?

YWAM 초기에는 나는 각자의 부족함을 다른 이들에게 알리지 말아야 한다고 생각했다. 그래서 여러 해 동안 한 번도 YWAM 회보에 재정적인 어려움을 이야기한 적이 없었다. 나는 그것만이 선교 단체를 이끌어 가는 영적인 방법이라고 생각지는 않았다. 그것은 그 당시에 하나님이 우리를 이끄시는 방법이었을 뿐이다.

1971년 훈련 본부로 쓰고자 처음으로 스위스에 있는 호텔을 사려 했을 때, 나는 하나님이 우편물 명단에 있는 수천 명에게 편지를 써서 우리가 그 일에 대해 하나님을 얼마나 의지하고 있는가를 알리고, 우리를 도와 기도해줄 것을 요청하기 원하신다고 느꼈다.

나는 그러한 이끄심에 대한 나의 반응에 놀랐다. 하나님의 뜻을 따라 편지를 쓰는 것이 힘들었다. 미처 깨닫지 못하고 있었지만, 나는 YWAM이 다른 많은 선교 기관들과 다르다는 사실에 커다란 자부심을 갖고 있었던 것이다. 그저 사람들이 우리에게 헌금하도록 하나님이 이끄실 것만을 믿었던 것이다!

또한 우리의 호소에 대한 사람들의 반응에도 깜짝 놀랐다. 한 절친한 친구가 화를 내며 이렇게 편지했다. "나는 YWAM이 재정적인 호소에 의지하지 않는다고 생각했네!" 그 편지를 받고 나는 다시 주님 앞으로 나아갈 수밖에 없었다. 주님 앞에 나아갔을 때, 내가 분명히 주님의 음성을 듣고 그분의 뜻에 따랐다는 것을 깨달았다. 이러한 과정을 겪으면서 하나님이 과거에 하셨던 방법으로 계속해서 일하신다고 애써 믿는 동안 우리 스스로 얼마나 좁아지고 있었는지를 알게 되었다. 부족함을 알리지 않을 때에만 하나님이 역사하신다는 믿음을 무의식중에 다른 사람들에게 전했던 것이다.

호텔을 사는 데 부족한 돈은 채워졌다. 한 푼도 모자람 없이 잔금을 치르기로 한 마지막 날에 정확하게 채워졌다. 하나님께 순종하여 우리의 부족함을 알렸기 때문이다.

믿음은 하나님이 이르시는 말씀을 따르는 것이다. 그뿐이다. 그러므로 자신이 부족한 것을 알려야 할지 말아야 할지 스스로 물으라. 그릿 시냇가에서 홀로 하나님의 공급하심을 받은 엘리야를 기억하라. 주님은 까마귀를 통해 하루에 두 번 먹을 것을 보내셨다. 그러나 그릿 시내가 말라버리자 하나님은 엘리야에게 사렙다에 사는 가난한 과부에게 어려움을 알리라고 하셨다.

'주님, 그렇지만 내가 사람들에게 어려움을 말하지 않는다는 것을 알고 계시잖아요! 나는 그저 주께 말하고 주님이 나를 먹이십니다. 나는 영적이기 때문에 사람들에게 도움을 구할 수가 없어요!' 엘리야가 이렇게 말했다면 어땠을까?

자신의 어려움을 알리느냐, 알리지 않느냐에 관한 분명한 이유가 있을 수 있다. 그것은 당신이 하고 있는 선교가 어떠한 단계에 있는지와도 관련이 있다.

예를 들면, YWAM은 초기 몇 해 동안 선교 단체로서 인정을 제대로 받지 못했다. 사람들은 우리를 그저 여름 방학을 이용해 전도 여행을 가는 젊은이들로 여겼다. 심지어 어떤 이들은 '정식' 선교사들에게 필요한 돈을 우리가 쓰는 것이 아닌가 하고 걱정하기까지 했다. 우리 스스로도 '정식' 선교사라고 인식하기까지 시간이 걸렸다. (전 세계적으로 YWAM에는 7천여 명의 전임 사역자들이 있다.) 또한 사람들이 단기 선교의 가치를 깨닫는 데도 시간이 걸렸다. YWAM이 태동한 1960년대에 단기 선교는 새롭고도 급진적인 생각이었다.

처음 선교지를 개척할 때에는 하나님이 놀랍고도 굉장한 방법으로 공급하시는 것을 경험한다. 그 다음에 선교 단체나 선교사가 세워지면 많은 사람들이 헌금을 내고 더불어 기도하며 이해를 같이한다. 그러나 이때가 기적적인 공급이 자주 있었던 초창기보다 영적으로 떨어지는 단계는 아닌 것이다.

이스라엘 백성이 40년 동안 광야에서 헤맬 때, 그들은 안식일을 제외하고는 날마다 초자연적인 방법으로 음식을 얻었다. 안식일 전날에는 두 배의 만나를 모았다. 이것은 40년 동안 한 주도 어김없이 일어났다. 이스라엘은 정원에서 일하거나 슈퍼마켓을 차릴 필요가 없었다. 그저 천막 바깥으로 나와 만나를 거두기만 하면 되었다.

그렇게 살았던 이스라엘 백성들이 약속한 땅에 들어가서 "이제부터 너희는 포도원과 밭을 가꾸어 너희가 키운 것을 먹으라"는 말씀을 들었을 때 기분이 어떠했을지 상상해 보라. 만나를 먹는 것만 믿음으로 사는 것이고, 포도밭을 가꾸는 것은 믿음으로 사는 것이 아닌가? 각각의 상황에서 하나님께 순종하는 것이기 때문에 두 가지 방법 다 믿음으로 사는 것이다.

때로 주님은 하나님이 당신을 사랑하신다는 사실을 극적으로 나타내시려고 당신에게 부족한 것을 다른 사람에게 알릴 수 있다. 이것들은 일이 잘 풀리지 않을 때 믿음을 재확신하는 계기가 된다.

클레이 골리어는 몇 해 전에 필리핀에 있는 YWAM에서 일하고 있었다. 내가 마닐라로 갔을 때 클레이는 평소의 느긋하던 모습과는 달리 흥분해서 숨도 제대로 못 쉬고 있었다.

"오, 로렌! 방금 놀라운 일이 있었어요!" 클레이가 말했다. 클레이는 돈이 완전히 바닥이 났었다는 말로 설명을 시작했다. 그에게는 고향에 두고 온 사람들에게 편지를 부칠 우푯값도 없었다. 고작 몇 센

타보만 있었을 뿐 편지를 부치려면 1페소가 더 필요했다. 그러나 어서 편지를 쓰라고 주님이 말씀하셨다. 그래서 편지를 쓰고 난 후에 우체국을 들렀다가 공항으로 나를 마중 나왔다고 한다.

"우체국으로 가고 있을 때, 무언가 바람에 날리는 것이 눈에 띄었어요. 그것을 잡아 보니 1페소짜리 지폐였답니다!" 클레이는 우체국으로 가서 편지를 부쳤다.

오스트레일리아 브리즈번에 있는 커다란 교회의 목사인 브라이언 앤드루는 최근에 미국 사역을 마치고 고향으로 돌아가던 길에 코나를 지나고 있었다. 우리가 며칠간 머물라고 초대를 했기 때문이다. 우리는 그에게 돈이 없다는 것을 몰랐다.

어느 날 그는 매직 샌드 비치를 걷고 있었다. 그곳은 대학 캠퍼스에서 그리 멀지 않은 곳으로, 사나운 조수와 거친 파도로 잘 알려져 있고 많은 사람들이 모여드는 작은 해변이었다. 브라이언은 해안선을 따라 걸으면서 밑을 바라보다가 밀려가는 파도 속에 20달러짜리 지폐가 떠 있는 것을 보았다.

"정말 값진 20달러였지!" 브라이언이 말했다. "아는 몇몇 친구들에게 돈을 좀 달라고 할 수도 있었지만 나는 주께만 물었지. 정말로 주님의 음성을 듣고 싶었어."

5. 시작하기 위해서 무엇을 해야 하는가?

하나님을 위해 큰일을 하고 싶어 때를 기다리는 사람들은 아주 많지만 그들은 결코 시작하지 않는다. 하나님이 뭔가 하시기만을 기다린다.

나는 사람들에게 이렇게 질문하기를 좋아한다. "세워 둔 차를 쫓아가는 개를 본 적이 있습니까?" 물론 그런 개는 없다. 마가복음 16장 17절에는 "믿는 자들에게는 이런 표적이 따르리니"라고 기록되어 있다. 그러나 '표적'은 당신이 '주차'하고 있으면 따를 수가 없다. 움직임으로써 타성을 깨뜨려야 한다. 믿음은 수동적이지 않다. 바울도 말했잖은가. "오직 내가 그리스도 예수께 잡힌 바 된 그것을 잡으려고 달려가노라"(빌 3:12).

샘 새서라는 내 친구는 수년 전 마샬 군도에 부흥을 일으키는 데 쓰임 받았다. 샘은 20대 초반에 그곳에 선교사로 간 지 얼마 안 되어 마샬 군도의 왕들을 포함해 많은 이들을 주님께 인도했다. 넓게 펼쳐져 있는 섬들 사이의 푸른 바다에서 수백 명에게 세례도 주었다. 그러나 샘 부부에게는 그처럼 가난한 나라에서 하나님의 일을 개척하는 데 필요한 돈을 공급받는 것이 가장 버거운 일이었다.

어느 날, 샘은 나중에 자신이 표현한 대로 '그저 울적해져' 있었다. 샘이 아는 사람 중에 63세 된 바톤 바투너라는 마샬 사람이 있는데, 그는 전 생애를 바쳐 그 섬들을 돌아다니며 말씀을 전했다. 샘이 울적해 있던 그날, 샘을 찾아온 바투너 목사가 그의 기분을 알아채고는 물었다.

"무슨 일인가, 샘?"

샘은 바투너 목사를 보았다. 검고 단단한 말레이시아인의 체형을 한 그 사람은 감겨있는 코일처럼 힘이 넘쳐 보였다. 샘은 문득 자기보다 세 배 정도나 나이가 많은 그 사람보다 자신이 더 늙었다는 느낌이 들었다!

"하나님이 나에게 이곳에 성경 학교를 세우라고 말씀하셨어요. 나는 그 학교를 갈보리 성경 학교라고 부르고 싶어요." 샘은 한숨을 쉬고는 산호 자갈을 찼다. "그런데 내겐 학교를 세울 돈이 없어요!"

"얼마나 있는데?" 바투너 목사가 물었다.

"거의 없다고 봐야죠. 2백 달러밖에 없으니."

"그 돈으론 학교를 지을 수 없을 것 같군."

샘은 눈부신 태평양의 햇살 아래서 바투너 목사를 곁눈질하여 쳐다보았다. 샘은 단순히 의기소침해 있는 것이 아니라 화가 나있었다.

"지을 수 없을 뿐아니라 어떻게 지어야 할지도 도통 모르겠어요!"

"왜 그렇게 걱정하지? 일단 2백 달러로 우리가 해볼 수 있는 데까지 해보자구."

그래, 이제는 '우리'가 아닌가! 이렇게 생각하니 샘은 한결 기분이 나아졌다.

"그러나 바투너 목사님, 생각해 보세요. 건물은 그냥 세우는 것이 아니에요. 시멘트가 하나도 없기 때문에 괌까지 가서 시멘트를 사 오려면 2백 달러도 더 들 거예요."

괌은 비행기로 1천7백 마일이나 떨어져 있는 곳이었지만 그나마 건축 자재들을 사기에 가장 가까웠다. 하지만 배달이 안 되었기 때문에 직접 가서 사와야 했다.

"믿음은 다 어디로 갔지? 2백 달러가 있으니 갈 수 있는 데까지 가보자고!" 바투너 목사가 말했다. 이치에 어긋나는 말이었지만 샘은 바투너 목사의 말을 귀 기울여 들었다.

머릿속에서 여러 생각이 떠올랐다. 어째서 안전한 이곳을 떠나 비싼 비행기 삯을 들여 태평양을 가로질러 가야 하는가? 그것도 한 장이 아닌 두 장을. 결국에는 머무를 곳도 없고 먹을 것도 하나 없이 섬에 꼼짝없이 갇히고 말 텐데….

바투너 목사가 계속 "우리가", "우리에게"라는 말을 사용한 때문이기도 하지만, 결국 내적 음성이 머릿속의 논쟁보다 우세했다. 샘은 가서 비행기 표를 샀다. 샘이 가진 돈 2백 달러로는 두 사람이 고작 미군 해군 기지인 콰절런환초 부근까지 갈 수 있을 뿐이었다.

뜨거운 태양이 내리쬐는 섬에 내렸을 때 두 사람에게는 36센트가 남아 있었고, 괌까지는 1천3백 마일의 거대한 바다가 가로놓여 있었다.

두 사람은 해군 함선의 간이식당에 들어가 마지막 남은 36센트로

햄버거를 하나 시켰다. 잠시나마 에어컨이 있는 곳에 편히 앉았다.

햄버거가 나오자 그들은 반으로 나누어서 천천히 먹기 시작했다. 샘은 생각이 흔들리고 있었다. '내가 무슨 일을 한 거지?' 샘은 자신에게 물었다. '집에 그냥 있었어야 했어! 이제 어떻게 집으로 돌아가지? 어딘지도 모를 이곳에 오기 위해 비행기 삯으로 2백 달러를 날리다니, 믿을 수가 없어!'

두 사람은 반쪽짜리 햄버거를 가능한 한 천천히 먹었다. 이따금씩 바투너 목사는 샘을 안심시켰다.

"걱정하지 말게! 일이 잘 될 테니."

바로 그때, 한 필리핀 남자가 식탁으로 다가왔다. 샘은 미 해군에서 일하는 필리핀 사람을 몇 명 알고 있었다. 미 해군은 그 외딴 곳에서까지 일꾼을 사 모아야 했다.

"형제님들," 그 남자가 말했다. "두 분이 다 주 안에서 나와 같은 한 형제라는 것을 압니다." 샘은 바투너 목사를 흘끗 보았다. 그도 어리둥절한 표정이었다. 이 사람은 누구란 말인가?

"저는 마닐라 사람입니다. 내 방에서 기도하고 있었죠." 그는 그곳에 있는 큰 교회에 다닌다고 자신을 소개했다.

"두 분도 저를 모르시겠지만 저도 당신들을 몰라요. 그렇지만 하나님께서 이것을 주라고 저를 보내셨어요." 그는 가방을 내밀었다. "두 분 모두 사랑합니다. 하나님의 은총을 빕니다!" 그 말을 마지막으로 그는 가버렸다. 샘은 앉아서 멍하니 낯선 사람의 뒷모습을 바라보고 있었다.

"그 가방 속을 안 들여다볼 셈인가?" 바투너 목사가 안경 너머로 샘을 바라보았다.

샘은 가방 안을 들여다보며 크게 숨을 들이마셨다. 그리고는 단정하게 포개진 달러 더미들을 조심스럽게 꺼내어 식탁 위에 올려놓았다. 1만 달러였다. 한 필리핀 노동자가 멀리 나라 밖에서 일하여 모은 것을 낯선 사람들에게 준 것이었다!

그 돈이면 괌에서 시멘트뿐 아니라 목재와 지붕을 만드는 재료까지 건물을 짓는 데 필요한 모든 것을 살 수 있었다. 샘은 하나님의 뜻에 순종하려면 자신이 움직여야 하며, 스스로 움직이지 않으려는 자세를 깨뜨려야 한다는 것을 깨달았다.

하나님이 당신에게 뭔가를 하라고 말씀하시면 수중에 무엇이 있든지 시작하라. 나머지는 하나님이 채우실 것이다.

하나님의 공급하심을 제한하지 마라

하나님이 당신에게 말씀하시면 그 일을 하도록 애쓰라! 하나님은 적극적인 믿음을 기뻐하신다. 자신의 행함과 하나님의 이끄심을 조화

시켜 목표를 세우라.

엘리야와 기름이 거의 다 떨어진 과부의 이야기를 보면 하나님이 공급하시는 양은 과부가 이웃에게 빌려온 그릇 수로 제한된다.

하나님이 당신에게 뭔가를 약속하실 때는 당신이 자기의 역할을 하는 것을 전제로 한다. 기꺼워하지 않는 마음은 하나님의 약속을 막거나 지연시킬 수도 있고 하나님의 풍성한 공급을 제한할 수도 있다. 그러므로 마지못해 해서는 안 된다. 하나님이 하라고 하신 일을 최선을 다해 하라.

1972년 YWAMer 몇 명과 함께 소그룹으로 기도하고 있을 때였다. 주님께 무엇을 위해 기도할지 가르쳐 달라고 했을 때 13개가 넘는 유럽의 군사 기지에서 선교하는 YWAM 팀들을 위해 기도하라는 마음을 받았다. 한 사람은 하나님의 말씀이 미군 기지에서 영향력을 발휘할 수 있게 해 달라고 기도하라는 마음을 받았고, 나는 미군 기지에 10만 권의 성경책을 나누어 줄 수 있게 기도하라는 느낌을 받았다. 또 다른 사람은 성경 통독 대회가 열릴 수 있게 기도해야 한다는 생각이 들었다. 이어서 내 마음에 케네스 테일러(Kenneth Taylor; 리빙 바이블 편집장) 박사와 연락해야겠다는 생각이 들었다.

기도를 마친 뒤에 나는 네덜란드에 있는 친구 앤드루에게 전화를 해서 테일러 씨와 친분이 있는지 물어보았다. 절묘한 타이밍이었다. 앤드루는 케네스 테일러 씨가 마침 유럽에 와 있는데 며칠 뒤에 자기와 만나기로 되어 있다고 했다!

테일러 씨와 연락을 했을 때, 그는 계획이 바뀌어 즉시 미국으로 돌아가야 하지만 다음 날 프랑크푸르트 공항에서 나를 만나겠다고 했다. 나는 그곳으로 날아가 테일러 씨에게 우리의 기도 모임과 성경을 나누어 주는 일에 대해 간단하게 설명했다. 그는 마침 빌리 그레이엄 십자군이 남긴 10만 권의 성경이 있다며 책임지고 성경을 나누어 준다면 그 성경을 거저 주겠다고 하였다.

테일러 선생과 리빙 바이블 출판사 식구들은 성경을 배에 실어 독일로 보내왔다. 독일에서는 또 다른 친구인 짐 애머만 중령(독일에 주둔한 미 육군 제5군단 수석 군목)의 도움으로 미 육군 트럭을 이용해 성경을 독일 전역에 주둔한 미군 부대들에 있는 우리 팀들에게 전달할 수 있었다. 우리 팀들은 다른 그리스도인들과 함께 장병들에게 성경책을 나누어 주기 시작했다.

성경을 나눠 주는 일이 끝나기 전에 우리가 기도 모임에서 기도했던 일들이 모두 일어났다. 부대에서 확성기를 통해 성경을 읽어주는 성경 통독대회도 있었다. 우리는 성경을 읽겠다는 모든 사람에게 성경책 10만 권을 거저 나누어 주었다. 유럽 전역의 장병들은 군 교회, 막사, 헌병대 등에 비치해 놓은 성경을 읽기 시작했다.

사병에서 군 사령관에 이르기까지 수천 명이 감동을 받아 많은 사람들이 자신의 삶을 주께 드렸다. 많은 군인들이 병역을 마치고 나서 선교사로 나갔다. 몇 년 전에 프랑크푸르트로 돌아온 짐 애머만 중령은 우리가 그때 나눠준 성경책을 읽으면서 장병들이 계속 구원을 얻고 있다는 사실을 보게 되었다.

하나님은 우리에게 커다란 꿈을 주고 싶어 하신다. 즉, 하나님을 위해 행할 더 커다란 도전과 모험을 주려고 하신다. 현재 당신은 전도 여행을 떠나는 데 필요한 몇 백 달러를 위해 기도하고 있을지도 모른다. 하지만 몇 년 뒤에는 하나님의 일을 위해 수백만 달러를 구할 것이다. 어떠한 상황에서든 먼저 하나님의 인도하심을 깨닫고 그 뜻을 이루기 위해 열심히 일하라.

12 헌금 요청하기

헌금
요청하기

영국 기독교 잡지에서 다음과 같은 틀에 박힌 선교 회보를 읽은 적이 있다.[1]

사랑하는 형제자매에게

편지지와 활자 상태가 좋지 못한 것을 이해해 주시기 바랍니다. 그렇지만 지금은 국제 회심 대학Universal Conversion College을 세우는 98차 계획안에 들어가면서 자금 형편이 좋지 못합니다. 먼저 드린 편지를 통해 알고 계시듯이 우리는 총 2,350만 파운드를 모금할 계획입니다. 지금까지 1,350만 파운드가 모였으며 점점 모금이 활발해지는 것을 보니 놀랍습니다.

여러분들이 믿음으로 살며 어떻게 필요한 것이 모두 공급되는지를 볼 때, 큰 힘이 됩니다. 밥은 규칙적으로 먹고 있습니다. 화요일과 목요일은 제가 식사 당번입니다. 어둠 속에서 많은 일들이 훌륭하게 이루어지는 것은 정말 놀랍습니다.

어젯밤 마룻바닥에서 잠을 청하려고 할 때 문득 이런 생각이 떠올랐습니다. 우리는 절대로 재정적인 도움을 청하지 않는다는 방침 때문에 구걸하는 것처럼 보이는 방법을 쓰지 않는 것입니다. 지난 수요일까지 대학이 세워지고 모든 영국인들이 회심하게 될 것이라고 선포한 우리의 계획을 의심하는 사람들도 있었습니다. 성과가 별로 좋지 못했기 때문이지요. 그렇지만 성과가 부진한 것은 계획의 문제라기보다 일부 사람들 속에 있는 인색의 영 때문이라고 생각합니다. 우리는 어젯밤 촛불을 켜고 아나니아와 삽비라 이야기를 읽으면서 그러한 사람들을 위해 기도했습니다. 형제자매님들은 그 이야기를 알고 계십니까?

사랑하는 형제 드림

편지에 서명이 삐뚤삐뚤해서 읽기가 힘들었다. 아마도 그 불쌍한 친구는 구루병까지 걸려 고생하는 모양이다!

재정적인 도움을 청하는 그릇된 방법을 먼저 배우는 것이 재정적인 부탁을 바르게 하는 법을 배우는 데 도움이 될 것 같다. 하나님은 우리 마음의 생각을 보시고 우리의 행동을 판단하신다. 따라서 올바른 동기로 헌금을 하는 것과, 올바른 동기에 호소하는 것이 무척 중요하다.

그릇된 모금 방법

1. 죄책감을 이용하기

영국 잡지에서 인용한 다음의 예가 조금 과장되고 우스꽝스럽게 들릴지 모른다. 하지만 우리는 그런 글이 실린 회보들을 종종 본다. "지금 당장 도와주지 않으면 우리의 계획은 공중 분해될 것이며 수백만의 사람들이 지옥으로 갈 것입니다!" 또는 "오늘 저녁 식당에서 쓰게 될 돈으로 중앙아메리카에 사는 한 가족이 한 달 동안 먹고살 수 있다는 사실을 알고 있습니까?"라는 식의 이야기들 말이다.

죄책감으로는 사람들의 마음을 크게 움직이지 못한다. 주님은 죄책감 때문에 마지못해 내는 사람이 아닌 즐겨 내는 사람을 사랑하신다. 하나님이 그 아들을 세상에 보내신 것은 세상을 심판하려 하심이 아니기 때문에 우리도 다른 사람의 양심을 정죄해서는 안 된다(요 3:17).

2. 동정심에 호소하기

동정심에 호소하는 일이 왜 나쁜가? 세상에서 다치고 어려움을 겪는 사람들, 영생에 대한 희망 없이 영적 무지 속에 살아가는 사람들에게 동정심을 갖는 것은 결코 나쁘지 않다. 그러나 계속해서 동정심을 유발하려면 위험을 무릅써야 한다. 사람들의 마음이 강퍅해지면 또다시 동정심을 불러일으키기 위해 더욱 충격적인 예가 필요하다. 사람들은 동정심 중독자가 되어 점점 더 강렬하게 자극할 때만 반응할 뿐이다.

인도 캘커타 시를 처음 방문할 때 가장 인상적인 것은 불쌍한 사람들이 많다는 것이다. 어디를 가나 거지들이 떼를 지어 주위를 맴돈다. 사람들은 애걸하는 눈빛으로 당신을 올려다보며 팔을 뻗는다. 그렇지만 두 번째로 놀라운 사실은 그런 가엾은 사람들을 대하는 사람들의 냉담한 반응이다. 흰 도우티(남자 허리에 두르는 천)를 입은 중산층 노동자들이 잠든 거지들의 몸을 넘어 직장으로 가는 버스에 서둘러 올라탄다. 그들의 눈에는 불쌍한 사람들이 하나도 보이지 않는 것 같았다.

나는 구제 사역을 하는 사람들의 딜레마를 깨달았다. 그들은 사람들이 가난하고 고통받는 세상 사람들의 아픔을 함께해 주기를 원한다. 그러나 헐벗고 굶주린 사람들의 수가 너무 많아 도우려는 사람들에게 그들의 사정을 일일이 전달하거나 어떻게 도와줄 수 있을지 세밀하게 정해줄 수가 없다.

이 일은 동정만으로는 부족하다. 우리는 하나님의 이끄심 대로 베풀어야 한다. 불쌍한 사람들을 도와야 하는지, 어떻게 도와야 하는지를 하나님께 물어야 한다고 기부자들에게 알려주어야 한다. 순간의 감정으로 사람들의 도움을 이끌어내서는 안 된다.

3. 탐욕에 호소하기

성경은 분명히 "주라 그리하면 너희에게 줄 것이니"라고 약속하고 있지만, 하나님의 일에 도움을 받으려고 기부자의 탐욕에 호소해서는 안 된다. 그것은 사람들로 하여금 죄를 짓게 하는 것이다. "더 좋은 차를 갖고 싶습니까? 우리에게 선교 헌금을 내십시오. 그러면 하나님께서 축복하실 겁니다! 하나님께서 더 많은 것으로 갚아 주십니다!" 우리는 이런 식의 잘못된 호소를 많이 봤다. 안타깝게도 여기에 쉽게 마음이 움직이는 사람들은 가난한 사람들이다.

하나님의 말씀은 진리이며, 심지어 헌금을 호소하는 이들이 사람들을 조종할 때도 하나님은 그분의 뜻에 따라 사람들을 복 주신다. 물론, 헌금을 해서 재정적인 복을 되돌려 받는 것은 아니다. 대신에 하나님은 다른 방법으로 우리를 복 주신다. 하나님 자신과 하나님의 방법과 하나님의 성품에 대한 계시, 하늘나라 확장에 동역했다는 기쁨, 주어진 상황에서 얻는 평안과 자족, 희락 등으로 우리를 축복하신다.

4. 두려움을 이용하기

공산주의가 무너지기 전, 또한 개방 정책이 있기 전 시대에는 "하나님께서 우리 민족을 공산주의에서 벗어나게 하시는 유일한 이유는 외국 선교 단체에 헌금을 하고 있기 때문입니다!"라는 외침을 흔히

들을 수 있었다.

하나님의 일을 위해 헌금하는 나라는 복을 받겠지만, 사람들이 두려움으로 헌금을 하게 해서는 안 된다. 위의 이야기는 "다른 나라들이 이 땅을 휩쓸고 지나가는 것이 두려우십니까? 그러면 헌금을 더 많이 하는 것이 좋을 겁니다. 그렇지 않으면 무슨 일이 일어날지 모릅니다."라고 말하는 것과 같다. 헌금을 하면 하나님이 당신이 아끼는 사람들을 질병과 위험과 죽음에서 지켜 주실 것이라고 말하는 이들도 있다. 하나님께 드리는 동기는 하나님을 사랑하고 하나님 나라가 이 땅에 펼쳐지는 것을 보고 싶은 소망이어야 한다.

게다가 이와 같은 호소는 주님이 우리의 순종에 허점이 있는지를 살펴서 우리에게 엄청난 재난을 주기를 원한다는 의미를 담고 있는 셈인데, 이것은 하나님의 속성을 왜곡시키는 것이다. 하늘에 계신 아버지는 의로운 자나 의롭지 못한 자들에게 모두 단비를 내리시는 분이시다. 심판을 하실 때도 불쌍히 여기시며 정말 마지못해 하시는 분이시다.

5. 자만심에 호소하기

이 방법은 대개 돈이 많은 사람들에게 사용된다. "건축 헌금을 내시면 현관에 헌금한 사람의 이름을 적은 아름다운 기념판을 세워둘 것입니다." 헌금을 한 사람들을 세워주는 것은 나쁘지 않지만 헌금을 했다는 이유로 우쭐대게 해서는 안 된다. 예수님은 사람에게 영광을 얻으려고 헌금하는 사람은 이미 상을 받았다고 말씀하셨다. 오직 깨끗한 마음으로, 다른 사람이 알아주는 것에 신경 쓰지 않고 헌금하는 사람들은 하늘 아버지께서 갚아 주신다(마 6:4).

도움을 청하는 올바른 방법

그렇다면 어떻게 재정적인 도움을 청해야 하는가?

먼저 우선순위를 바로 세워야 한다. 절대로 사람을 재정의 공급자로 보아서는 안 되며, 언제나 친구로서 소중하게 여겨야 한다. 사람들을 사랑하고 돈을 사용하는 마음을 가져야지, 돈을 사랑하고 사람을 사용하는 마음을 가져서는 안 된다.

도움을 호소하는 것을 포함한 모든 의사소통의 목적은 그들과 우리와의 관계, 그리고 그들과 하나님과의 관계를 더욱 가깝게 하는 것이어야 한다. 관계를 단계별 동심원으로 그려본다면 가장 바깥쪽의 원이 당신에게 별로 관심을 갖지 않는, 그냥 아는 사람일 것이다. 기도 편지를 보냈다면 가장 바깥쪽의 원은 당신의 사역에 관심을 보여서 조그만 도움이라도 주었던 사람이다.

의사소통의 목적은 그 사람들을 점점 중심 쪽으로 가깝게 하는

데 있다. 가장 안쪽 원에 있는 사람들은 당신의 깊은 필요까지 나눌 수 있는 사람들이다. 이들은 헌신적 중보 기도자, 후원자, 의논 상대일 것이다.

이들이 선교에 부르심을 받았을 때 놀라지 마라. 그것이 한 명의 재정 후원자를 잃는 것을 의미할 수도 있지만, 수확하시는 하나님은 다른 사람을 구하셔서 지상명령을 이루는 당신의 동역자로 쓰실 것이다.

"그렇지만 부족한 것을 알릴 사람이 하나도 없는 걸요." 막 선교를 시작한 선교사들은 곧잘 이렇게 말한다. 식구들은 도와달라고 하는 것을 싫어하며, 심지어 자신들이 하고 있는 일을 믿지도 않는단다 (일부 사람들은 자녀들이 선교에 끼어드는 것과 같은 '미친' 짓을 하기보다 구원받지 못한 채 좋은 직장에 다니며 돈을 벌기를 바란다).

아는 사람들 중에 믿는 사람이 하나도 없기 때문에 도움을 얻을 길이 없다는 사람들도 있다. 아마도 그들은 예수님을 안 지 얼마 안 되었거나, 아니면 아예 선교 사역에는 헌금하지 않거나 교회에서 임명한 선교사들에게만 선교 헌금을 하는 교회에 다니고 있을 것이다.

그러나 하나님이 말씀하시는 것과 말씀하시는 때에 순종하면 하나님은 하나님의 뜻을 이룰 수 있도록 사람들과 필요한 것들을 미리 준비해 두신다.

주는 은사를 발휘하기

몇 년 전, YWAM 리더들 55명과 함께한 자리에서 내가 물었다. "여러분 가운데 다른 사람들에게 특정한 필요에 대해서 설명하면서 전도 사역에 동참하라고 도전한 사람이 있습니까?" 사람들이 모두 손을 들었다. 나는 또 물었다. "선교 훈련 중에 각자의 재능을 사용하라고 가르친 적이 있습니까?" 모두가 또다시 손을 들었다. "행정에 소질이 있는 사람을 선교 행정 분야에서 일하게 하신 적이 있습니까?" 또 한 차례 모두가 손을 들었다.

나는 잠시 멈추었다가 다시 물었다.

"그러면 베푸는 은사가 있다고 생각되는 사람에게 베푸는 일에 참여하라고 권한 적이 있습니까?" 이번에는 두 사람만 손을 들었다. 55명 중에 단 두 사람뿐이었다.

사람들이 왜 이 일을 꺼리는가? 그것은 주는 은사가 로마서 12장과 고린도전서 12장에 열거되어 있는 다른 은사들처럼 성령에 의한 영적 은사라고 생각하지 않기 때문이다. 베푸는 은사는 설교하고, 고치고, 봉사하고, 가르치고, 권고하고, 이끌고, 자비를 베푸는 은사와 똑같이 발휘되어야 한다.

먼저 종이를 들고 주님 앞에 나아가 이름이 떠오르게 해 달라고 기도하라. 당신이 하고 있는 일을 신뢰하는 사람이 누구인지 떠올랐는가? 누가 당신을 믿고 사랑하는가? 한두 사람일 수도 있고 여럿일 수도 있다. 그러면 그들에게 무엇을 어떻게 구할지 기도하라. 편지나 전화로 할지, 직접 찾아가 말해야 하는지, 아니면 리더에게 추천장을 받아야 할지 기도하라.

다른 사람으로부터 추천 받기

최근에 갖게 된 한 가지 생각은 누군가 당신을 추천하여 당신을 위해 도움을 청하게 하는 것이다. 사실 이 방법은 전혀 새로운 것이 아니다. 아버지 T.C. 커닝햄은 평생 수백 개의 선교 단체들을 위해 후원금을 모으셨다. 나에게 새로웠던 사실을 성경적으로 말하면 자천하는 것보다 누군가 다른 사람의 추천을 받을 때 그 영향력이 커진다는 것이다.

바울은 고린도후서 5장 12절에서 스스로 자천할 필요가 없다고 했다. 그는 뵈뵈와 같은 다른 사람들을 소개하거나 추천했다(롬 16:1). 하지만 바울은 필요한 경우에는 서슴없이 자신을 추천했고 고린도전서 9장에서처럼 재정적 도움을 얻고자 자신의 처지를 설명했다. 고린도후서 11장에서는 아무 부끄럼 없이 자신의 이력을 모두 소개했다. 그러나 다른 사람이 당신을 칭찬하는 경우에는 당신이 하는 좋은 일에 대해 이야기하거나 사람들에게 도움을 구하는 것에 더 자유롭다.

YWAM 국제 지도위원인 윌리 웬지는 '굶주린 이들을 위한 수집물'Gleanings for the Hungry이라고 불리는 YWAM 선교 사역을 이끌고 있다. 그 사역은 중앙 캘리포니아에서 수천 톤의 잉여 농산물을 가져다가 건조시킨 후 배로 실어 날라 배고픈 사람들에게 제공하는 것이다.

작년에 윌리 웬지와 그의 아내 노마는 매년 보내는 10개의 선교 회보 중 하나를 지정해 그 회보를 통해 들어오는 헌금을 아마존에 십일조로 드리기로 했다. 두 사람은 후원자들에게 아마존에 있는 다른 선교 팀을 도와주라고 부탁하였다. 자신들의 선교 사역에 필요한 것에 관해서는 그 선교 회보에 한마디도 싣지 않았다. 그 결과, 두 사람은 아마존으로 보낼 헌금을 받았는데 평소 그들이 받던 헌금액만큼 들어왔다. 또한 자신들의 사역을 위해서는 부탁하지도 않은 헌금이 평소보다 두 배나 들어왔다!

이처럼 한 사람이 다른 사람을 추천하는 일은 생각해 볼만하다. 당신의 사역이나 당신을 돕는데 헌신할 친구나 리더가 있다면 그들은 당신을 도울 사람들을 모을 수 있다.

도움을 요청할 때 그리스도인으로 거듭나지 않은 사람들을 제외하지 마라. 물론 자신의 형편과 일을 소개하는 방법에 대해 특별히 주의해야 하며, 주께서 당신을 도우시도록 조심스럽게 기도해야 한다. 그러나 보물이 있는 곳에 그 마음이 있다는 말이 사실이라면 비그리스도인이라 할지라도 하나님의 일에 헌금할 때에 하나님 나라에 더 가까이 다가갈 수 있다.

순종함으로 알리기

재정이 부족하다는 것을 알릴 때, 우리는 늘 사람들이 주님의 뜻에 따라 헌금할 수 있도록 독려해야 한다. 주께 드리는 것이 영적인 일을 계속하기 위해 그냥 하는 어떤 세상적인 일이 아니라 진정한 예배라고 정말로 확신한다면 헌금에 관해 자유롭게 장려할 수 있다. 헌금은 영적인 의무다. 하나님께 순종하는 것이 우리의 목적이며 그것은 돈보다 중요하다.

어떤 사람이 최근에 우리 선교 단체의 사역자인 폴 호킨스에게 다음과 같은 답장을 보내왔다. "당신에게 필요한 돈에 대해 기도했습니다만 주님께서 이번에는 헌금을 하지 말라고 말씀하셨습니다." 폴은 즉시로 그에게 따뜻한 감사 편지를 썼다. 이와 같이 헌금을 내는 사람들에게만이 아니라 사람들이 하나님의 뜻에 순종하여 헌금을 보내지 않을 때에도 감사의 뜻을 전해야 한다.

사람들에게 정기적으로 소식을 전하고 필요를 알리는 것은 그들에게 주님의 인도하심에 따라 사역에 동역할 수 있는 기회를 주는 것이다. 우리는 사람들에게 하나님이 세계 곳곳에서 하고 계시는 일에 참여하는 놀라운 특권을 베풀고 있는 것이다. 그러므로 그러한 기회를 베풀 때 미안해하지 마라. 주께서 헌금하는 사람들을 정말로 축복하신다는 것을 깨달았으면 결코 망설이지 마라.

또 하나, 회보는 소식을 알리기 위한 것이므로 정말 어려운 위기 상황이 아니면 부탁의 말은 한 번만(편지의 어느 한 부분에서 잠깐) 하라고 말하고 싶다. "늑대가 나타났다!"라고 외쳤던 양치기 소년의 이야기에서처럼, 계속해서 돈을 부탁하면 정말 도움을 받아야 할 상황에서 사람들의 마음이 무디어져 있을 수 있다.

마지막으로, 돈이 필요하다는 것을 알릴 때는 주님의 이끄심을 구해야 한다. 때로 한두 사람에게 편지를 쓰라고 하실 수도 있고, 한 사람에게 알리기 위해 어떤 곳으로 여행을 떠나라고 하실 수도 있다. 아니면 몇몇 친구들에게 회보를 보내 헌금을 위해 함께 기도해 달라고 부탁할 수도 있다. 그때마다 사고의 유연성을 발휘하라.

하나님보다 앞서지 않기

주님은 누구와 연락을 해야 할지, 무슨 말을 해야 할지도 가르쳐 주실 것이다. 기억하라! 주님도 당신과 마찬가지로 선교 사역을 하고 계시다는 사실을 말이다. 사실, 당신보다 주님이 그 일에 더 관심을 쏟고 계신다. 주님은 또한 헌금하는 사람들을 몹시 복 주고 싶어 하신다. 하나님의 도우심과 이끄심을 구하지 않고 사람들이 헌금하도록 부추기지 마라.

헌금을 부탁하는 데 치러야 할 대가가 있는가? 그렇다. 당신 자신을 낮추고, 당신의 일을 돕도록 인도하시는 하나님을 신뢰한다는 사실을 사람들에게 알려야 한다. 당신은 공격받거나 겁을 먹거나 당황할 수도 있다. 당신을 무시하는 사람들도 있을 것이고, 거리에서 예수님을 증거하며 시간을 보낼 때와 마찬가지로 많은 사람들이 당신을 거절할 것이다. 누가 헌금을 하고 누가 안 하는지를 알면 당신은 놀랄 것이다.

모세의 말을 들어 보라. "너희의 소유 중에서 너희는 여호와께 드릴 것을 택하되 마음에 원하는 자는 누구든지 그것을 가져다가 여호와께 드릴지니"(출 35:5). 모세는 자원하는 마음이 없는 사람들에 대해서는 신경 쓰지 않았지만, 하나님께 자신이 받은 것을 드리기 원하는 사람들에게는 도전했다. 모세처럼 하라. 하나님께 순종하고, 결과에 대해 그분을 신뢰하라.

13 부요함이란

땅 끝에 서는 용기 • Daring to live on the edge

부요함이란

손님들이 식탁에 둘러앉아 저녁식사를 하고 있었다. 초대한 사람들은 전형적인 뉴질랜드 고기와 감자 요리를 대접하느라 바삐 움직이고 있었다. 후식을 먹을 때가 되자 주인 여자가 사람들에게 마실 것을 따르며 양해를 구했다.

"차가 너무 흐려 죄송합니다." 그녀는 손님들에게 변명했다. "더 나아지기 위해서 이렇게 먹는 거지요. 아시듯이 우리는 믿음으로 살고 있습니다."

손님들은 상관없다며 주인 여자를 안심시켰다. 그들은 미국인이었기 때문에, 뉴질랜드에서 보통 대접하는 진한 차보다는 옅은 차가 차라리 더 편했다. 손님들은 집주인이 베푸는 호의에 정말 감사해했다. 집주인들은 가난한 사람들에게 집을 개방했고, 한 주 한 주 하나님이 자신들의 생활비를 공급해 주시리라 믿으며 살아가고 있었다. 그러나 주인 여자가 빗댄 유머가 집으로 돌아가는 길에 사람들의 머릿속에 내내 머물렀다.

믿음으로 산다는 것이 차를 흐리게 마신다는 의미인가? 뒤꿈치가 닳은 신을 신고 시동이 가까스로 걸리거나 조금만 가도 덜덜거리는 차를 가진 것을 뜻하는가? 그렇다면 무엇이 약한 것이었는가? 차인가, 믿음인가?

하나님의 종들에게 부요함은 감정적인 문제다. 감정과 사실을 떼어 생각하기란 힘들다. '믿는 이들을 축복하소서'Bless Me Christians라는 단체는 믿음이 있으면 물질적 풍요를 얻을 것이라고 말한다. 즉, 부유하게 살지 못하는 것은 믿음을 실천하지 않았기 때문이라는 뜻이다.

'그리스도인의 직업윤리'The Work Ethic Christian라는 단체는 열심히 일하면 하나님이 물질적 복을 베푸신다고 주장한다. 돈이 없는 사람은 게으르기 때문이라고 생각한다. 안타깝게도 그들은 오랜 시간 진취적으로 일하지만 자선이나 선교 헌금을 내는 데는 인색하다.

위의 단체들과 정반대의 견해를 가진 이들은 부유한 사람들을 편견으로 대한다. '부는 악한 것'Wealth-is-Evil Christians과 같은 기독 단체들은 공산주의와 거의 다를 바가 없다. 그들은 세상의 모든 비극이 따지고 보면 불공평한 부의 분배 때문이라고 생각한다. 그들의 생각대로라면 진실한 그리스도인은 누구나 꼭 필요한 만큼을 제외하고는 모두 헌금해야 한다. 적게 가질수록 하나님과 더욱 가까워진다고 여겨 가난을 숭배하는 사람들도 있다. 대부분의 사람들은 부에 대해, 특히 사역자들의 부에 대해 미묘한 감정을 갖는다.

20년 가까이 YWAM에서 섬겨온 사람이 있다. 그는 대부분 미국에서 사역했는데 계속해서 중고차를 몰았다. 중고차는 대개 유지비가 많이 들고 믿음이 안 갔으며 기름값이 많이 들고 교환가가 낮았다. 대표적으로 '트래블 올'Travel-All이라는 차가 있었는데 그 차는 1갤런당 고작 10마일을 갔으며 고장이 너무 잦았다. 그러다가 마침 좋은 중고차를 값싸게 구입하게 되었다. 7년이나 된 차였지만 상태가 훌륭했고, 1갤런당 28마일을 갔으며 믿음이 갔다. 수리비도 적게 들었을 뿐 아니라 경제적인 규모의 신형 미국차보다 훨씬 값이 쌌다. 그 차는 메르세데스 벤츠Mercede-Benz였다. 내 친구는 그 차를 산 것이 하나님의 돈을 청지기로서 잘 사용한 훌륭한 경험이었다고 확신했다. 그들은 그 후에 또 다른 중고 벤츠를 7년 동안 몰았다. 그때마다 비슷한 가격의 웃돈을 주고 차를 바꿀 수 있었다. 반면에 차를 바꾸면서 차량 유지비나 연료비 등은 훨씬 줄일 수 있었다. 그들은 주께서 공급하시는 것에 참으로 기뻐했다.

그런데 그 차에 대한 소문이 들리기 시작했다. 사람들은 "선교사 형편에 어떻게 저런 차를 살 수 있지?", "굶는 사람들이 얼마나 많은데 저런 차를 몰고 다니지?" 하며 수군댔다. 수리를 거의 하지 않았으며, 매주 연료비가 얼마나 절약되는지 적어서 차에 붙여 놓고 싶은 심정이었다. '이 차는 주님 돈을 절약하는 차입니다.' 이렇게 써서 붙여놓고 싶었지만 그럴 수는 없었다. 그는 기도를 하고 나서 어느 누구에게도 걸림돌이 되고 싶지는 않다는 결론을 내렸다. 벤츠를 없애야 했다.

그들은 벤츠를 팔아서 소형 트럭을 샀다. 사실, 중고 벤츠보다 더 비쌌고 유지비도 더 많이 들었으며 가치도 더 빨리 떨어졌다. 그렇지만 주님의 돈을 낭비한다고 불평하는 사람은 아무도 없었다.

하나님은 이러한 일을 어떻게 보실까? 하나님을 기쁘시게 해드리기 위해 넘지 말아야 할 부의 최고선이 있는가?

최근에 나는 이런 문제와 연관이 있는 한 가지 복을 경험했다. 몇 년 전 코나에 있는 YWAM 대학 내에서 살고 있을 때 감격적인 일이 생겼다. 세계에 흩어져 있는 YWAMer들이 특별 헌금을 해서 우리에게 새 차와 집을 사준 것이다. 이것은 한 몸의 가족들이 우리에게 부어준 사랑이었기에 더욱 근사했다. 집은 아름다웠지만 몇 주가 지난 뒤에 달린이 말했다. "이 집의 진짜 주인이 나타나서 우리가 살고 있는 것을 보게 될 것만 같아요!"

그 일이 있기 몇 달 전에 내게 한 친구가 오로지 세 가지 목적으로만 쓰라고 조건을 내걸면서 돈을 주었다. 내 장례비용을 위해 저금해 두거나(그는 내게 그 돈이 필요할 것이라고 했다), 무슨 일이 일어나면 양육비로 사용할 것(언제 어떤 일이 일어날지 모른다는 이유에서였다), 아니면 수영장을 지어 규칙적으로 운동을 하라고 했다. 그 밖에 다른 목적으로 돈을 써서는 안 된다고 했다.

나는 내 친구가 왜 사용 범위를 강력하게 제한했는지 안다. 이곳 기후를 생각해 봤을 때 마당에 수영장을 지을 법하지만 내가 수영장을 갖기는 어려울 것이라고 생각한 것이다. 또 다른 사람이 수영장을 지으라고 돈을 주었고 한 친구는 자신의 전문 기술로 직접 수영장을 짓겠다고 했다. 그렇게 해서 지어진 수영장은 하나님의 사랑과 내 친구의 지혜를 끊임없이 생각나게 하였다.

주님은 히브리서 11장에 믿음의 본이 되는 인물들을 나열하셨다. 아브라함, 이삭, 야곱, 요셉, 다윗, 솔로몬은 모두 부유한 사람들이었다. 그러나 같은 장에 열거된 또 다른 믿음의 사람들은 고문당하고, 조롱당하고, 채찍에 맞고, 죽임까지 당하였으며, 늘 궁핍한 상태에서 양이나 염소 가죽으로 옷을 지어 입고 동굴이나 구덩이에서 살았다.

바울은 가난하든 부하든 모든 것이 우리를 위하시는 하나님의 뜻이라는 것과, 우리가 어떤 상황에든 적응하는 법을 배울 수 있음을 일깨워 주었다.

나는 비천에 처할 줄도 알고 풍부에 처할 줄도 알아 모든 일 곧 배부름과 배고픔과 풍부와 궁핍에도 처할 줄 아는 일체의 비결을 배웠노라 내게 능력 주시는 자 안에서 내가 모든 것을 할 수 있느니라(빌 4:12-13).

가난할 때보다 부자일 때 주님의 음성을 듣기가 훨씬 어렵다. 상황이 잘 풀릴 때보다 내일의 양식을 주께 의지하고 살아갈 때 주님의 음성에 귀 기울이기가 훨씬 쉽다.

주님의 말씀에 의하면 돈을 갖는 것은 위험하다. 예수님은 부자가 하나님 나라에 들어가기 어려우며 "돈에 속지 않도록 주의하라"고 말씀하셨다. 하나님은 자기 백성이 크고 아름다운 성읍을 얻고 아름다운 물건이 가득한 집을 얻게 될 때에 "너는 조심하여 너를 애굽 땅 종 되었던 집에서 인도하여 내신 여호와를 잊지 말고"라고 경고하셨다(신 6:12).

잠언 기자는 "곧 헛된 것과 거짓말을 내게서 멀리 하옵시며 나를 가난하게도 마옵시고 부하게도 마옵시고 오직 필요한 양식으로 나를 먹이시옵소서 혹 내가 배불러서 하나님을 모른다 여호와가 누구냐 할까 하오며 혹 내가 가난하여 도둑질하고 내 하나님의 이름을 욕되게 할까 두려워함이니이다."(잠 30:8-9)라고 말하며 균형을 유지하였다.

경계는 어디까지인가? 얼마만큼 가난한 것이 심한 것이고, 얼마만큼 부유한 것이 위험한 일인가? 그것은 다음 세 가지 요소에 따라 아주 다양하다.

• 인격: 하나님이 나에게 얼마를 주실 것을 내가 믿느냐의 문제가 아니

라 하나님이 나에게 믿고 맡기실 수 있는 돈이 얼마냐가 문제인 것이다. 적은 것에 충성하면 큰 것에도 충성할 수 있다. 공급하시는 정도는 다음의 두 가지 요소에 달려 있다.

- 우리의 부르심에 따라.
- 우리가 일하고 있는 문화에 따라.

하나님이 나를 신뢰하고 나의 인격을 믿으시면 하나님은 내 삶에서 그분의 부르심을 실현하는데 필요한 것을 정확하게 채우신다.

당신이 무엇을 하고 있느냐와 하나님이 자신의 일을 위해 당신을 어느 곳에 데려다 놓으셨느냐에 따라 하나님의 공급하심이 무척 다를 수 있다. 내가 아는 어떤 사람은 돈이 많은 기독교 단체에서 목사로 있으면서 급여를 많이 받았고 새 차를 몰았으며 교외의 근사한 집에 살고 있었다. 몇 년이 흐른 뒤에 주님은 그를 로스앤젤레스 도심에 있는 우범 지역에서 사역하게 하셨다.

하룻밤 사이에 그와 가족은 집안 창문에 쇠창살이 있고 식료품점의 모든 창문에도 쇠창살이 설치되어 있는 우범 지역에서 살게 되었다. 그는 새 옷을 사러 백화점에 자주 가는 대신 교인들을 위해 많은 돈을 헌금해서 그들이 굶주리지 않게 하였다.

그로부터 7년 뒤에 주님은 다시 그들의 일을 바꾸셨다. 그는 남서부에 자리 잡은 넉넉한 교회의 목사직을 받아들였다. 돈을 함부로 쓰지는 않았지만 가끔 옷을 샀고 이웃들과 비슷한 집에서 살았다.

그들은 삶의 갖가지 상황에서 하나님의 뜻을 중심으로 하여 살아갔다. 하나님이 공급하신 것을 자신들이 처한 상황에서 복음을 전하는 데 현명하게 사용한 것이다.

어느 정도면 충분하고 어느 정도면 너무 많은 것인가? 그 한도를 정할 수는 없다. 그것은 당신이 처한 상황, 당신의 사역, 당신이 함께 일하고 있는 사람들에 따라 달라진다.

노먼 빈센트 필은 맨해튼에서 수년 동안 사회적으로 지위가 있는 사람들을 대상으로 말씀을 전했다. 테레사 수녀는 인도 캘커타의 극빈 지역에서 일했다. 어떤 옷을 입고, 어떻게 살며, 어디를 다니느냐는 그 사람을 부르신 하나님의 부르심에 달려있다.

자신이 너무 돈을 낭비하는지 어떻게 알 수 있는가? 한계를 정할 수는 없지만 지침을 세울 수는 있다.

1. 섬기고 있는 사람들과 비슷해야 한다.

나의 여동생 제니스 로저스와 제니스의 남편 짐은 아시아의 몇 나라들을 방문하고 있었는데, 최근에 정치적 격변을 겪으면서 아주 가난하게 된 나라를 방문했다. 그 나라의 경제 상황과 환율 차이 때문에 많은 선교사들이 약 60달러의 임대료만 내고도 미국에서보다 훨씬 더 아름답고 큰 집에서 살고 있었다.

어느 날 저녁, 짐과 제니스는 한 선교사의 집에서 다른 외국인 선교사들과 함께 교제를 나누고 있었는데 밖에서 문 두드리는 소리가 들렸다. 현지의 담임 목사였다.

제니스는 그때의 상황을 이야기해 주었다. "그 목사님은 머뭇거리며 현관 문턱에 서 있었어요. 감히 집에 들어오지 못하고 머뭇거리는 기색이었어요. 집 주인인 선교사가 나가서 목사와 문제를 상의하고 다시 집으로 돌아왔어요. 그날 밤 우리는 잘못한 게 하나도 없었지만 죄책감과 거의 다를 바 없는 불편함이 방안으로 들어오는 것을 느꼈어요."

자신이 현지인보다 훨씬 윤택하게 살고 있는지, 아니면 그 반대인지 어떻게 알 수 있는가? 자신에게 다음의 질문을 던지라. "이 차, 이 집, 이런 생활 방식이 사람들을 예수님께로 인도하고 가르치는 데 도움이 되는가, 아니면 방해가 되는가?"

2. 탐욕을 주의하라

성경에서는 계속해서, 특히 전임 사역자들에게 이와 같은 주의를 준다. "너희 중에 있는 하나님의 양 무리를 치되 억지로 하지 말고 하나님의 뜻을 따라 자원함으로 하며 더러운 이득을 위하여 하지 말고 기꺼이 하며 맡은 자들에게 주장하는 자세를 하지 말고 양 무리의 본이 되라"(벧전 5:2-3). 성경은 하나님이 맡기신 일을 이루기 위해 필요한 것 이상의 부를 얻으려고 하는 것을 탐욕이라고 비난한다.

오늘날 사람들을 화나게 하는 경우가 두 가지 있다. 하나는 목사들이 사치스럽게 사는 것이고 또 하나는 정치인들이 공직에 있으면서 부를 누리는 것이다. 사람들이 왜 그러한 것에 화를 내는지 아는가? 우리 사회가 집단적으로 공유하고 있는 성경적인 진리 때문이라고 생각한다. 대다수 사람들이 인식하지 못하겠지만 실제로 그런 생각은 성경에서 비롯된 것이다.

주님은 말을 많이 얻으려고 하지 않고 은금을 자기를 위하여 많이 쌓지 않는 리더(왕)를 택하여야 그의 마음이 그 형제 위에 교만하지 아니하리라고 말씀하셨다(신 17:15-20). 마찬가지로 돈을 사랑치 않는 사람이 영적 리더로 뽑혀야 한다(딤전 3:3).

절대로 부를 얻기 위해 선교 사역을 이용하지 마라. 레위인들이 땅을 물려받지 않았던 까닭은 그들이 물질이 아니라 주께 속한 사람들이었기 때문이었다(민 18:20).

세상의 가치가 우리를 다스리게 그냥 내버려 두어서는 안 된다. 우리는 물건을 살 수 있는 권리를 예수님께 드려야 하며, 그분이 우리 삶의 소비 영역까지 다스리시게 해야 한다.

주께 순종하기로 결정하면 주님은 당신에게 말씀하실 것이며, 욕망이 당신을 압도하지 않도록 지켜주실 것이다.

3. 다른 사람들을 부러워하지 말고 자족하라

성경은 부를 피하라, 가난을 피하라고 말하는 대신에 자족하라고 말씀한다. 다른 사람과 우리 자신을 비교하지도 말며 다른 사람들이 가진 것을 탐내지 말라고 하신다.

어떻게 이러한 유혹을 극복할 수 있을까? 탐욕을 물리치는 수단은 하나님의 공평하심을 절대적으로 확신하는 것이다. 하나님의 공평하심에 관한 성경 말씀을 연구하라. 하나님은 공평하시다는 진리를 마음판에 새기고, 그 관점으로 모든 것을 바라보라.

하나님은 공평하시며 당신을 복 주실 것이다. 이 세상에서 물질적인 복을 주시지 않는다 해도 틀림없이 다른 방법으로 영원무궁한 복을 주실 것이다. 주님은 우리가 이 세상에서 재산을 똑같이 나누어 가지게 될 것이라고 약속하지 않으셨다. 그분은 우리에게 필요한 것을 공급하시겠다고 하셨다.

4. 주께서 당신을 이끄시듯 끊임없이 주께 드리라

법이나 세금을 새로 만들어서 부를 모든 사람에게 똑같이 분배하는 것은 하나님의 방법이 아니다. 평생 가난하게 살 것을 맹세하는 것도 마찬가지다. 가난하면 베풀 수 없다. 복을 받은 사람들이 자원하는 마음으로 너그럽게 베푸는 것, 이것이 하나님의 뜻이다.

주께로부터 물질적인 풍요를 받았다면 다음과 같이 하는 것이 하나님의 뜻이다.

네가 이 세대에서 부한 자들을 명하여 마음을 높이지 말고 정함이 없는 재물에 소망을 두지 말고 오직 우리에게 모든 것을 후히 주사 누리게 하시는 하나님께 두며 선을 행하고 선한 사업을 많이 하고 나누어 주기를 좋아하며 너그러운 자가 되게 하라 이것이 장래에 자기를 위하여 좋은 터를 쌓아 참된 생명을 취하는 것이니라(딤전 6:17-19).

14 재정이 막혀 있는 이유들

재정이
막혀 있는
이유들

주님의 음성을 듣고 순종하여 행하다가 돈이 다 떨어지면 어떤 현상이 나타나는가? 거듭해서 우체통을 확인하고 있는 자신의 모습을 발견하게 된다. 일에 집중하려고 하지만 머릿속엔 온통 '왜 하나님은 필요한 것을 공급해 주시지 않는 걸까! 난 하나님이 하라고 하신 일을 하고 있는데 왜 일이 안 풀리지?' 하는 생각뿐이다.

하나님은 절대적으로 신실하신 분이다. 그렇지 않다고 생각할 수조차 없으신 분이다. 하나님은 말씀하시는 분이며 말씀대로 일을 진행하신다.

다만 한 가지 기억할 것은 우리가 조건들을 실현할 때, 하나님이 약속하신 바를 이루신다는 사실이다. 일이 잘 되지 않을 때 자신에게 물어볼 질문들을 몇 가지 살펴보자.

1. 하나님보다 물질을 더 사랑하는가?(물질만능주의)

당신은 돈과 물질을 사랑하는 돈 많은 구두쇠가 될 필요는 없다. 물질을 중요하게 여기는 부자가 될 필요도 없다. 중요한 것은 당신이 얼마만큼의 돈을 가지고 있느냐가 아니라 당신이 가진 돈이 당신을 얼마나 지배하는 가다.

물질만능주의는 전임 사역자나 선교 단체 안에까지 미묘하게 스며들 수 있다. 사람들은 처음에는 사역에 필요한 것을 보게 되지만 점점 하나님보다 사역에 필요한 것에 훨씬 더 관심을 쏟는다. 그리고는 마침내 하나님의 일을 한다는 미명 아래 물질만능주의자가 된다.

마태복음 6장 24절에는 아무도 두 주인을 섬길 수 없다고 기록되어 있다. 하나님과 돈을 모두 섬길 수는 없다. 마음이 완전히 바뀌어 하나님 대신에 돈을 섬기기 시작할 때 나타나는 몇 가지 표시들이 있다. 한번 자문해보라.

- 홀로 기도하거나 내가 속한 모임에서 기도할 때, 재정적인 필요를 위해 얼마나 오래 기도하는가?
- 일에 대한 계획을 세우고 검토하기 위해 다른 이들과 만날 때 예산이나 돈을 어떻게 하면 더 마련할 수 있을지에 대해 이야기하는 시간이 얼마나 되는가?

마음속에서 가장 중요하다고 느끼는 것은 그것이 무엇이건 간에 드러난다. "먼저 그 나라를 구하라 그리하면 다른 모든 것을 너희에게 더하시리라." 이 말씀에서 예수님이 '다른 모든 것들'은 나중에 생각할 것으로 여기셨던 것과 같다. 예수님께서 말씀하셨다. 걱정하지 말라. 아버지께서 하라고 이끄시는 일을 하라. 그러면 천부께서 너의 필요를 돌보신다.

- 당신은 어떻게 결정을 내리는가? 하나님께 무엇을 할지 묻고 나서 어떻게 그 일을 할 것인지 묻는가, 아니면 자신의 수입을 생각해 본 다음에 무엇을 할 것인지 결정하는가?

정말로 예수님을 주로 여긴다면 당신은 주변에 있는 다른 사람들과는 근본적으로 다른 방법으로 결정을 내릴 것이다. 많은 사람들이 물질을 숭배하며 살아간다. 더 많은 급여를 받기 위해 다른 곳으로 옮겨 간다고 이상하게 볼 사람은 아무도 없다. 설사 가족들이 서로 떨어져 살게 되고 친구들과 다정한 이웃들과 사랑하는 모든 것들을 두고 떠나게 될지라도 말이다. 그러나 만약 당신이 하나님의 뜻에 따르기 위해서 다른 곳으로 옮겨 간다면 감봉을 당하거나 수입이 전혀 보장되지 않는 조직으로 옮겨 가는 일일 수도 있다. 사람들은 당신을 특별한 사람으로 볼 것이다. 광신자라거나 정신이 이상해졌다고 비난하는 사람들도 있을 것이다.

자신들의 신(자신들이 믿는 것)을 공격하면 사람들은 위협을 느낀다. 나와 오랜 친구인 그래함Graham Kerr과 트리나 케르Treena Kerr 부부가 처음으로 주님을 알게 되었을 때, 그들은 돈 많고 유명한 사람들이었다. 아마 '달리는 미식가'The Galloping Gourmet라는 TV 쇼를 기억할 것이다 (1968년-1971년 사이의 요리 프로그램. 진행자의 저질스런 농담으로 악평을 받았던 이 프로그램은 그래함 케르가 교통사고를 당하고 주님을 영접하면서 종영되었다-편집자 주).

그들은 회심하였고, 재산을 모두 내어 놓으라는 하나님의 말씀에 순종하여 수백만 달러나 되는 돈을 모두 내어 놓았다. 두 사람은 순종하는 부유한 젊은이들이었다.

그런데 놀랍게도 그들의 순종을 지켜본 그리스도인들은 비난을 쏟아부었다. 그들은 더 이상 훌륭한 청지기가 아니라고 비난하기도 했다. 그 돈으로 투자를 하여 하나님 나라를 확장하는 데 더 많이 드려야 한다는 것이었다.

이런 반응들은 사람들이 참된 가치를 어디다 두느냐를 보여준다. 여인이 비싼 옥합을 예수님 발 앞에 깨뜨렸을 때 그 돈을 더 잘 쓸 수 있었다고 나무랐던 제자들과 다를 바 없다.

우상에 대한 설교를 접할 기회가 많지 않지만 성경은 다른 어떤 죄보다 우상 숭배에 대해 많이 언급한다. 십계명의 처음 네 가지 중에서 첫째, 둘째, 셋째, 넷째 계명은 이에 대해 일반적으로 이야기하고 있으며 둘째 계명은 우상 숭배에 대해 구체적으로 이야기한다. 우리는 우상 숭배에 대해 다시 생각해 볼 필요가 있다. 이방인들이 어떠한 형상에 절하는 것만이 우상 숭배가 아니다. 우상 숭배는 하나님 아닌 다른 것을 위해 사는 것이다. 하나님만이 우리가 궁극적으로 드리는 헌신과 예배를 받으실 만한 분이다.

그러므로 돈이 없으면 자신이 돈을 너무나 중요시했다는 것을 보여주시는 것인지 주님께 물으라. 주께서 그렇다고 말씀하셔도 비난받는다는 느낌이 들지는 않는다. 하나님은 비난하지 않으신다. 우리의 잘못을 꾸짖으시고 회개하라고 하신다. 그분은 꾸짖으시되 용서하시는 분이다. 하나님은 당신을 사랑하시며 당신이 행복하고 완전한 삶을 이루어가기를 바라신다. 그러나 다른 어떤 것보다도 하나님을 우선시할 때만이 그런 삶을 살 수 있다는 것을 아시기에 당신이 우선순위를 바로 세울 때까지 돈을 풀지 않으실 수도 있다.

2. 하나님의 뜻을 놓친 적이 있는가?

이것은 아주 명확하지만 지나쳐 버리기 쉬운 질문이다.

주유소 주인이 오랫동안 휴가를 떠나면서 당신에게 일을 맡겼다고 하자. 주인은 가솔린을 넣어주고 기름을 갈아주고 간단한 자동차 수리를 하라고 일러주었다. 그러나 주인이 떠나고 당신은 근사한 생

각을 떠올린다. '주유소에서 음식을 팔면 좋을 거야!'

당신은 핫도그와 도넛 아이스크림을 파느라 바쁘다. 일손이 모자라고, 차 서비스를 받으러 주유소를 찾은 사람들은 기다리다 지쳐 마침내 불쾌한 마음으로 주유소를 떠난다. 핫도그를 많이 팔기는 했지만 총수입은 떨어지고 가솔린을 대주는 사람에게 줄 돈이 없어 끝내는 가솔린 펌프를 닫게 된다.

주인이 돌아왔다. 그 동안 적자가 늘어나 당신은 재정적으로 심각한 위기에 직면해 있다. 어려움에서 벗어나려고 주인에게 더 많은 자본을 요구하지만 주인은 거절한다. 그는 주유소의 주인이고 당신에게 핫도그를 팔 권리를 주지 않았으며, 가솔린을 팔라고 일렀기 때문이다. 당신이 주제넘게 한 짓에 대해 값을 지불한다면 주인 역시 어리석은 사람이 아닐까?

사람들이 하나님의 이름으로 품은 온갖 소원들과 주제넘은 공상에 재정적인 지원을 하신다면 하나님 역시 어리석은 분이 될 것이다. 믿음과 추측은 커다란 차이가 있다.

믿음은 하나님의 음성을 듣고 하나님께서 하라고 하신 것을 하는 것이다. 추측은 겉으로는 영적인 것처럼 보일 수 있고, 마치 '하나님을 위해 하는 일'처럼 보이지만 실제로는 하나님을 의뢰하지 않고 자기 마음대로 움직이는 것이다.

3. 빚이 있는가?

피차 사랑의 빚 외에는 아무에게든지 아무 빚도 지지 말라(롬 13:8).

빚 때문에 재정적인 어려움을 겪을 수도 있다. 하나님은 당신을 사랑하시기 때문에 당신이 문제를 바로잡고 하나님의 공급하심 가운데 책임 있게 사는 법을 배울 때까지 자금 조달을 멈추고 계신다.

그렇다면 빌리는 것이 모두 나쁘다는 말인가? 아무에게도 빚지지 않으려면 저당을 잡혀 땅을 사고, 차 값을 지불해야 하는가?

성경을 극단적으로 해석하는 두 가지 이론이 있는데, 하나는 율법주의고 또 하나는 자유주의다. 성경은 십계명과 예수님을 통하지 않고는 어느 누구도 하나님께로 나아갈 수 없다는 예수님의 말씀과 같이 절대 진리를 명시한다. 자유주의는 이러한 성경의 절대적 진리를 상대적 진리로 받아들여, 예수님을 통해 하나님께로 나아가지만 부처를 통해서도 하나님께로 나아갈 수 있다고 말한다.

성경에 나타난 다른 원칙들은 환경이나 문화와 관계가 있는 상대적 진리다. 남자는 머리가 길면 안 된다는 권고의 말이 이에 해당한다(고전 11). 율법주의에 빠져 성경의 상대적 진리를 절대적으로 받아들이는 사람들도 있다. 그러나 하나님이 남자가 머리 기르는 것을 반대하셨다면 삼손과 세례 요한과 나실인 서원을 하였던 다른 많은 사람들을 거부하셔야 맞지 않는가.

마찬가지로 "아무에게든지 아무 빚도 지지 말라."는 로마서13장 8절의 권고가 절대 진리라면 어째서 신명기 15장 8절에서는 가난한 자들에게 꾸어주라고 하는가? 가난한 사람이 돈을 빌리면 하나님의 뜻을 어기는 것인가?

로마서 13장 8절의 말씀은 지금 우리가 행하는 채무에 맞추어 해석해야 한다. 갚을 수 있을 만큼 빌리고, 돈을 갚을 수 없을 경우에 되팔아서 빚을 갚을 수 있는 물건을 사는 것이 재정적인 지혜다. 다시 말해 차를 사기 위해서는 돈을 빌리되 먹을 것이나 써서 없어지는 것들을 사기 위해 돈을 빌리지는 말라는 뜻이다. 그렇지 않으면 미래를 얽어매는 올무에 걸려드는 것이다. 신용카드를 쓰면 절대 안 된다는 의미도 아니다. 연체하지 않고 계속 갚아 나갈 수 있다면, 아무에게든 빚을 지지 말라는 권고를 어기는 것이 아니다.

아무에게든 빚지지 말라는 원칙이 적용되는 경우는 따로 있다. 어떤 사람을 속이거나, 다치게 하거나, 훔치는 것도 빚을 지는 것이다. 소득에 대한 세금 신고를 속인다면 그것도 정부에 빚을 지는 것이다. 그리스도인이 되기 이전에 한 일이라 할지라도 갚을 의무를 피할 수는 없다.

예를 들어, 내가 당신의 차를 훔쳐 다시 칠을 해서 몰고 다닌다고 하자. 여차여차해서 나는 그리스도인이 되었다. 그러나 나는 여전히 색만 다른 당신의 차를 몰고 다닌다. 어느 날 당신은 내가 타고 다니는 차를 자세히 들여다보다가 오른쪽 뒤 범퍼에 작게 파인 자국과 자동차 유리에 난 흠집을 알아보고는 내게 말한다. "이봐! 이 차는 내 차야!", "아, 형제님. 나는 이 차를 그리스도인이 되기 전에 훔쳤어요. 그러므로 그 죄는 피로 씻어졌지요!"라고 말한다.

그러나 당신은 내 죄를 용서하지 않을 것이며 하나님도 그러하실 것이다. 하나님은 당신이 양심에 찔림을 받아 과거의 잘못을 바로잡기를 기다리면서 재정적인 공급을 늦추고 계신지도 모른다.

4. 십일조를 계속해서 드렸는가?

말라기 3장에서는 십일조를 하지 않으면 하나님의 것을 도적질 하는 것이라고 말한다. 우리가 하나님의 뜻에 순종하여 십일조를 할 때에 하나님은 약속하신다. "메뚜기를 금하여 너희 토지 소산을 먹어 없애지 못하게 하며 너희 밭의 포도나무 열매가 기한 전에 떨어지지 않게 하리니"(말 3:11). 당신의 재정이 점점 줄어든다면 아마 이 부분에서 철저하게 순종하고 있지 않기 때문일 수도 있다.

5. 너그럽게 베풀었는가?

십일조를 드렸다면 너그럽게 베풀어야 한다. 심각하고 만성적인 적자 상태라면 그것은 당신이 평소에 다른 사람에게 주는 모습을 반영한 것일 수도 있다. 성령의 인도하심에 따라 망설임 없이 기꺼이 주는 것이 아니라 마지못해, 천천히, 조금씩 주지는 않았는가? 고린도후서 9장 6절은 "적게 심는 자는 적게 거두고 많이 심는 자는 많이 거둔다."는 사실을 알려준다.

돈이 필요하다고 느끼면 어떻게 헌금할지 가르쳐 달라고 주께 물으라. 아마도 하나님은 돈을 주시면서 그 돈을 포기하라고 하실 것이다. 당신의 필요를 채우시기 위해 여러 번 당신에게 돈을 주시면서 그 돈을 다른 사람에게 주라고 말씀하실 것이다. 아니면 당신 안에 있는 탐욕의 영을 부수기 위해 당신이 소중하게 여기는 것을 다른 사람에게 주라고 하실 수도 있다. 어떤 상황에서든 반대 정신만이 원수에게 대항할 수 있다. 만약 당신이 악에 대항하며 악이 갖고 있는 물질을 빼앗아 하나님의 일을 위해 쓰기 원한다면, 당신이 먼저 자비로운 행위로 탐욕의 영을 깨뜨려야 한다.

호세Jose와 로자나 리스트Rosana Liste, 이 부부는 아르헨티나에서 간사로 섬기고 있는데 레시스텐시아라는 아주 가난한 곳에서 선교를 시작했다. 그곳에 도착했을 때, 두 사람은 그곳의 상황을 보고 깜짝 놀랐다. 곧 가난한 아이들이 문 앞에 와서 먹을 것을 달라고 했다. 두 사람은 가지고 있는 것은 무엇이든 나누어 주었다. 그러나 정작 자신의 아이들을 먹이기가 어려웠다. 그들 다섯 식구는 한 달 사례비로 20달러를 받았다.

아르헨티나 사람들은 주일에 바비큐를 즐겨 먹는다. 4월의 어느 주일, 예배를 드리고 집으로 돌아오는 길이었다. 그런데 어느 집 뒤뜰에서 고기 굽는 냄새가 났다.

"아빠 바비큐 먹고 싶어!" 막내 아이가 소리쳤다. 로자나는 울음을 터뜨리고 말았고 호세도 어찌할 수 없는 무력감을 느꼈다. 돈은 떨어졌고 집에는 먹을 것이 거의 남아있지 않았다. 이제 무엇을 할 수 있을까?

문득 로자나는 한 소년이 가져온 점심으로 5천 명이 먹은 사건을 기억했다. 로자나와 호세는 찬장을 뒤졌다. 고작 5파운드 남짓 되는 렌즈콩 500g짜리 네 자루 반이 있을 뿐이었다. 그들은 콩을 냄비에 붓고, 이웃사람에게 가장 가난한 어린이들을 모아 달라고 부탁했다. 모두 36명이었는데, 호세와 로자나는 그 아이들을 모두 초대했다. 놀랍게도 하나님은 한 국자 한 국자 뜰 때마다 렌즈콩을 더 불려주셨다. 그들은 그때부터 매일 아이들을 먹일 수 있었다.

날마다 기적이 일어났다. 여러 달 동안 아이들을 먹이는 것을 하루도 거르지 않았다. 숫자는 점점 늘어 1백여 명의 아이들과 성인 여자 몇 명을 먹이게 되었다. 사례비가 조금 늘어 한 달에 60달러를 받게 되었지만 그들이 하고 있는 일에 비하면 턱없이 모자랐다. 그런데도 어떻게 그런 일을 하느냐는 질문을 받으면 호세는 어깨를 으쓱해 보이며 살며시 웃는다. "나도 우리가 어떻게 그 일을 해나가는지 모르겠어요!" 그들은 농부들에게 농산물을 부탁하기도 하고 상인들에게 찾아가 남은 물건을 얻는다. 사냥꾼이 비둘기 몇 마리를 준적도 있었다. 호세가 비둘기 고기를 보고 손가락을 빠는 아이들의 모습을 흉내 냈다. 방법은 다르지만 날마다 하나님은 그들에게 공급하시는 것을 한 번도 잊지 않으셨다.

하나님의 일을 하고 있으니 베풀지 않아도 된다고 생각해서는 안 된다. 그리스도인은 베풀어야 한다. 주는 것이 재정적인 돌파구를 마련하는 열쇠이기도 하다.

하나님께 일용할 양식을 의지하는 한편으로 빈곤 심리에 빠지지 않도록 주의하라. 너그럽게 베풀고 가능하면 당신이 음식값을 지불하라. 당신이 베푸는 대상이 아무리 돈을 많이 버는 사람이라도 상관없다. 당신은 하나님 나라를 대표하는 사람이다.

6. 하나님이 공급하신 것에 감사했는가?

하나님이 가장 중요하게 여기시는 것은 우리 속에 그리스도의 형상이 이루어지는 것이다. 하지만 우리는 하나님이 언제나 우리에게 풍족하게 공급해 주실 수 있는 데도 늘 부족한 것에만 관심을 쏟는다. 광야에서 엘리야에게 베푸신 하나님은 까마귀에게 비프 스테이크를 가져오게 하고, 천사들로 하여금 곁에서 시중들게 하실 수 있으시다. 그렇지만 주님은 우리를 먹이시는 일보다 우리를 자신의 형상대로 바꾸어 가시는 일에 더욱 관심이 있으시다. 하나님이 이미 베풀어 주신 것에 감사하는 것은 하나님의 방법과 하나님의 성품을 배우는 중요한 요소다.

구약에서 레위인들은 사람들이 성전에 가져온 헌물로 먹고 살았는데, 그들은 그 헌물을 신성하게 여겼다. 하나님은 제사장들에게 말씀하셨다. "이스라엘 자손이 내게 드리는 그 성물에 대하여 스스로 구별하여 내 성호를 욕되게 함이 없게 하라 나는 여호와이니라"(레 22:2). 오늘날 사람들이 주님의 일에 헌금할 때, 우리도 그 헌금을 거룩하고 신성한 것으로 여겨야 한다.

물론 사람들이 주님의 일에 최선의 것을 드리지 않을 때 그것을 거룩하게 여기기는 쉽지 않다. 전해오는 이야기 중에 교인에게서 사과 한 부셸(bushel:약 27.2kg-편집자 주)을 받은 목사에 관한 이야기가 있다. 사과를 맛있게 드셨냐는 질문에 목사는 이렇게 대답했다. "딱 좋은 맛이었소! 좀 더 맛있었다면 우리에게 주지 않았을 테고 조금이라도 더 안 좋았다면 먹을 수 없었을 테니까!"

사람들이 하나님의 공급하심에 감사하는지 주님이 직접 시험하실 때가 있다. 우리는 하와이 코나에 국제 열방 대학을 세우는 동안 몇 차례 재정적인 어려움을 겪었다. 한 번은 넉 달 동안 날마다 청새치를 먹었다. 하나님이 한 어부를 통해 우리에게 공급하신 것이었다. 당신은 청새치 요리법이 얼마나 많은지 상상할 수도 없을 것이다! 청새치 구이, 청새치 튀김, 청새치 소스, 청새치 라자냐, 청새치 타코, 청새치 엔칠라다…. 우리는 만나에 싫증을 낸 이스라엘 백성들의 심정을 쉽게 이해할 수 있었다.

코나의 상황은 바뀌어 갔다. 15년이 지난 지금도 우리가 청새치를 먹고 있다면 뭔가 대단히 잘못된 일일 것이다. 하나님이 그렇게 하라고 말씀하신 것이 아니라면 말이다. 청새치를 먹으며 지냈던 그 시절은 개척 초기였으며, 그때 우리가 받았던 영적인 복은 정말 이루 말할 수 없었다. 우리의 가장 큰 기쁨은 바로 예수님이 우리에게 하시는 일을 보는 것, 우리에게 말씀하시고 우리를 인도하시는 것을 경험하는 것이지 우리에게 주시는 음식이 아니었다.

7. 작은 일에 충성하였는가?

마태복음 25장에 나오는 예수님의 달란트 비유는 돈 문제에 관한 중요한 성경 구절 중 하나다. 받은 돈으로 투자한 두 명의 종은 나중에 더 많이 받았다. 받은 돈으로 아무것도 하지 않은 종은 그 돈마저도 빼앗겼다. 주인은 앞의 두 종에게 말했다. "잘하였도다… 네가 적은 일에 충성하였으매 내가 많은 것을 네게 맡기리니"(23절).

많은 일을 떠맡기 전에 작은 일에 충성하는 원칙은 삶의 여러 영역에서 반복된다. 하나님은 신실하시기 때문에 우리가 적은 돈에 충성할 때까지는 큰돈을 맡겨 시험에 들게 하지 않으신다. 하나님은

"작은 일의 날이라고 멸시하는 자가 누구냐."(스 4:10)라고 물으신다. 우리는 조그마한 시작을 우습게 보아서는 안 된다. 작은 일을 시작할 때에도 충실해야 한다. 하나님이 우리 마음에 큰 계획이나 목표를 주셨다 해도 우리가 일상생활의 작은 일들에 충성치 않으면 하나님은 그 일들을 풀어 주시지 않는다.

나는 처음 스위스에서 호텔을 사기 위해 주께 의지하는 동안 작은 일에 충성하는 원칙을 깨달았다. 우리는 그 호텔 계약금을 위해 특별 기도 모임을 갖고 헌금할 계획이었다. 헌금을 하기로 한 바로 전날 오후에 나는 로잔 시에 있는 이노베이션 백화점에서 쇼핑을 하고 있었다. 멋진 조깅복이 눈에 들어왔다. 20달러였다! 나는 매일 아침 낡아서 조금은 초라한 반바지를 입고 조깅을 했다. 스위스인들이 질이 좋아 보이는 조깅복을 입고 지나갔기 때문에 좀 더 좋은 조깅복을 갖고 싶었다.

상점 앞에 서 있는 내게 한 가지 생각이 스쳐 지나갔다. '20달러가 있으니 하나를 사자. 하나님이 내일 기도 시간에 가진 돈을 모두 내놓으라고 하실 수도 있잖아!' 나는 서둘러 조깅복을 샀다.

'됐어!' 쇼핑 가방을 팔에 끼고 상점을 나오면서 나는 속으로 중얼거렸다. 조깅복이 새로 생긴 것을 확인하고 싶어서 그날 저녁에 조깅을 하러 나갔다오기까지 했다.

그 다음 날, 나는 강의실 맨 앞줄에 앉았다. 여느 때처럼 기도회를 이끌고 나서 각자 주님이 말씀하실 때까지 기다리고 그분께 순종하라고 말했다. 조용한 중에 하나님이 내게 말씀하셨다.

"나는 네게 호텔 구입비 6만 달러를 줄 수 없다, 로렌."

"아니! 왜요, 하나님?"

"20달러조차 너를 믿을 수 없기 때문이야."

내 마음이 강퍅해졌음을 깨닫는 순간 마음이 무너져 내렸다. 물론 20달러는 내 돈이었지만 나는 하나님이 그 돈을 헌금하라고 하실까봐 서둘러 써버린 것이다. 마음에 찔림을 받은 나는 일어서서 간사들과 학생들에게 내가 한 일을 고백했다. 그리고 하나님께 용서를 구했다.

내가 물었더라면 하나님이 조깅복을 사게 하셨을까? 그랬을지도 모른다. 그러나 나는 하나님께 물어볼 만큼 성실하지 않았다. 그렇지만 하나님은 자비하셔서 나를 용서하셨고, 내가 예상한 대로 우리의 가진 모든 것을 드리라고 하셨다. 은행에 있는 잔고와 비상용으로 캘리포니아에 임대해 둔 땅을 포함해서였다. 나는 앞에서 우리가 취한 다른 순종의 단계들과 6만 달러의 잔여금이 어떻게 마감 마지막 날에 도착했는지에 대해 언급했다.

8. 하나님의 말씀에 조금이라도 불순종한 것이 있는가?

예전에는 기차가 지정된 선로에서 벗어나면 기관사들이 기차가 다시

제 길로 갈 수 있도록 기차를 뒤로 후진했다가 제자리로 오게 해야 했다. 단순히 기중기로 들어서 제자리에 놓을 수는 없었다. 이처럼 만약 재정에 어려움을 겪는다면 일의 처음으로 돌아가 동기를 점검해야 한다.

돈이 부족한 것은, 때로 우리가 선로에서 멀어졌음을 알리는 신호이기도 하기 때문이다. 쨍그랑 하고 울리는 양심의 경고는 무시하면서도 돈 지갑에는 얼마나 관심이 많은지를 보면 정말 놀라울 정도다. 하나님은 그 사실을 아신다. 그래서 사랑과 자비의 하나님은, 우리가 하나님을 찾고 회개할 때까지 공급을 멈추기도 하신다.

불순종은 성경에 나타나는 불신앙과 관계가 있다. 히브리서 3장 19절을 보면, 이스라엘 자손이 순종치 아니하였기 때문에 약속의 땅에 들어갈 수 없을 것이라는 말씀이 있다. 그 다음 구절에는 "이로 보건대 그들이 믿지 아니하므로 능히 들어가지 못한 것이라."고 기록되어 있다. 불순종은 자연스럽게 불신앙으로 통한다. 무신론자는 과거에 드러난 (계시된) 진리를 순종하지 않았기 때문에 무신론자다. 그들은 불순종을 고백하고 하나님께 순종하기 전에는 믿음을 가질 수 없다.

그리스도인으로서 우리 자신의 불신앙을 깨닫는 것은 훨씬 더 어렵다. "나는 하나님을 믿고, 그분의 말씀을 믿는걸!" 하고 말하지만 오늘 일어날 구체적인 일에 대해서 하나님을 신뢰하는가? 바로 지금,

당신에게 일어날 일말이다. 불순종에서 오는 불신앙은 바로 당신의 문제일 수 있다.

9. 하나님께 필요한 것을 채워 달라고 기도했는가?

이 말이 너무 당연한 것처럼 들릴 것이다. 그렇다면 하나님께 필요한 것을 채워 달라고 구해 본 적이 있는가? 대부분의 경우, 사람들은 하나님이 우리의 모든 필요를 아시기 때문에 단지 그분이 공급하실 때를 기다리기만 하면 된다고 추측한다. 그러나 하나님은 단지 우리가 구할 때를 기다리실 수도 있다. 열흘을 따로 떼어 기도하고 금식하며 구할 필요는 없다. 그저 구하기만 하라.

10. 배우려 하는가, 부족한 것을 채우는 데 더 급급한가?

중요한 질문이다. 보이지 않는 도움의 손길을 받으며 30년 넘게 살았지만 나는 이 질문에 대답하기가 쉽지 않다는 것을 안다. 이와 관련된 특별한 기억이 있다.

우리는 학교 기물을 빌리는 데 드는 수천 달러를 위해 기도하고 있었다. 절망적인 상황이었다. 많은 학생들이 수업료를 늦게 냈으며, 학교에서 쓸 식량을 한꺼번에 사야 했다. 예비비도 전혀 없었다.

함께 기도하고 있을 때, 우리와 함께 가르치던 조이 도우슨Joy Dawson이 일어나서 "하나님, 우리 한 사람 한 사람이 하나님께서 가르쳐 주시려는 것을 깨닫기까지 필요한 돈을 주지 마십시오!"라고 기도했다. 사실, 나는 하나님이 나중에라도 일부 학생들이 깨달을 수 있게 해 주시면 감사할 일이라고 생각했었다.

아침 9시경이었다. 우리는 기도하기 시작했다. 어떻게 해야 할지 주께 물었다. 성령께서 역사하셔서 순종치 않은 부분들을 깨닫게 하시고, 근본적인 순종의 단계를 보이기도 하셨다. 기도는 1시 30분까지 계속되었다.

그때, 하나님은 우리 안에서 헌금을 하라고 하셨다. 60명의 학생들과 손가락으로 꼽을 정도로 소수의 간사들만 있었을 뿐이었다. 그 자리에서 스위스 돈으로 3천 프랑(약 700달러)이 걷혔다. 외부를 통해서 공급해 주신 것까지 합하니 우리에게 꼭 필요한 액수였다.

이 일은 21년 전에 일어난 일이며 아직도 일어나고 있다. 나는 재정적인 위기가 있을 때마다 하나님께 나아가서 "우리의 필요가 채워지는 것보다 하나님께서 가르쳐 주시려는 것이 무엇인지 알고 싶습니다!"라고 고백한다.

하나님의 가르침은 우리의 인격을 다듬고 하나님 자신과 하나님의 방법을 알게 한다. 그것들이 바로 마태복음 6장 20절에서 말하는 '하늘에 쌓는 보물'들이다. 이 보물들은 결코 빼앗기지 않는다. 지금부터 수백만 년이 흐른다 해도 하나님이 오늘날 우리에게 가르치시려는 원칙을 생각할 것이다.

11. '동족 안의 죄'가 있는가?

이것은 재정적인 어려움이 해결되지 않는 상황에 처한 모임이나 조직을 이끄는 리더에게 던지는 물음이다. '동족 안의 죄'는 아간이라는 한 사람의 죄 때문에 이스라엘이 아이 성 싸움에 패한 이야기에서 볼 수 있다(수 7). 아이 성 싸움은 쉽게 이길 것 같았는데 오히려 이스라엘 백성 36명이 목숨을 잃었다. 여호수아는 땅에 엎드려 "어찌하여 이스라엘을 버리셨습니까?" 하고 여호와께 물었다. 여호수아는 앞으로 일어날 모든 재앙들을 하나님께 호소하면서 통탄의 말을 내뱉었다. "아, 요단강을 건너지 않았더라면…. 이 땅 거민들이 이를 듣고 우리를 둘러싸고 우리 이름을 세상에서 끊을 것입니다! 우린 죽은 목숨입니다!"

주님은 여호수아에게 일어나라고 말씀하시며 동족 안에 죄가 있다고 가르쳐 주셨다. 하나님은 여호수아에게 그 죄를 가르쳐 주실 생각이셨다. 하나님이 초자연적인 방법으로 죄인을 가려내는 과정을 통해 처음에는 족속으로, 다음에는 가족으로, 그리고 장막으로 좁혀져 마침내 죄의 원흉이 한 남자, 아간임이 분명하게 드러났다.

주님이 공동체 안에 있는 죄 때문에 복을 베푸시지 않는다고 알려주실 때 리더라면 탐정을 고용하거나 탐색 수사를 벌일 필요가 없다. 하나님이 하나님의 방법으로 분명하게 알려주실 것이다.

하나님은 괴롭지만 결국은 유익이 되는 '감춰진 축복'으로 우리의 관심을 끄시는 때가 자주 있다. 아모스가 4장 7절에서 묘사한 상황과 비슷하다. 거기에 보면 한 마을에는 비가 왔지만 다른 한 마을에는 비가 오지 않았다.

커다란 YWAM 열방대학 센터 중 한 건물에 각각의 예산을 편성하는 여러 부서들이 모여 있는데 한 부서가 계속해서 매달 적자를 냈다. 리더들은 필요를 더 정확하게 예상하고 그것에 대한 계획을 세우려 했다. 하지만 이 부서는 계속 적자를 보였을 뿐만 아니라, '불운'까지 경험했다. 기계 고장이라든가 온갖 문제들이 생겼다.

마침내 리더들이 기도하며 주님의 뜻을 구했다. 그러자 분명한 사실이 드러났다. 간사 하나가 어떤 젊은 여자와 부도덕한 관계에 빠져 있음을 인정했다. 그 사람의 죄를 해결하고 나자 일이 곧 순조롭게 진행되어 그 부서는 다시 흑자를 보게 되었다.

이 질문이 달리 설명할 길이 없는 재정적인 어려움을 겪고 있는 팀의 리더에게만 적합한 질문임을 명심해야 한다. 한 팀에 재정적인 어려움이 있을 때마다 다른 사람을 의심한다면 그것은 무척 해로운 결과를 낳을 것이다.

또한 하나님이 당신에게 공급하시는 것은 다른 사람의 순종 여부가 아니라 당신의 순종 여부에 달려 있음을 명심하라. 다른 사람이 순종하지 않아도 당신이 계속해서 하나님께 충성스럽게 순종하면 하나님이 궁핍함을 해결할 방법을 보여주실 것이다.

12. 지난날의 죄나 그릇된 선택을 거두어들이고 있는 것인가?

재정적인 어려움은 과거에 지은 죄를 거두어들이는 것일 수도 있다. 죄를 고백하면 하나님께 용서를 받지만, 죄의 결과는 거두게 된다. 때로 몇 년 동안 계속되기도 한다. 신명기 28장은 '저주' 또는 죄를 지은 것을 거두어들이는 방법을 말씀하는데 거기에서 말하는 저주는 대부분 돈과 연관이 있다.

"네 광주리와… 네 토지의 소산과 네 소와 양의 새끼가 저주를 받을 것이며"(신 28:17-18).

이러한 저주는 이미 생겨난 것이다. 하나님이 굳이 저주를 내리려고 하실 필요도 없다. 어떤 행동에 대한 자연스러운 결과이기 때문이다.

왜 하나님은 저주를 사용하시는가? 그분은 사랑의 하나님이시잖은가. 물론, 그분은 사랑이시다. 그렇기 때문에 죄에 대한 결과를 마련하셨다. 하나님은 죄만큼 사람을 파괴하는 것이 없음을 아신다. 하나님의 용서를 받은 다음에도 죄로 생긴 결과의 고통을 받아야 하고, 그 결과를 거두어들여야 할 때 비로소 죄를 미워하는 마음이 선다.

누군가 말했듯이 징벌이 없는 법은 단지 충고에 머무를 뿐, 변화를 일으키지 못한다. 그러나 죄로 인한 결과를 맛볼 때, 죄에 대해 이전과는 다른 태도를 지니게 된다.

재정적인 어려움은 죄 때문이 아니라 그릇된 선택 때문일 수도 있다. 어떤 경우든 사람들에게 기도를 부탁하라. 다른 사람의 중보기도로 저주나 죄로 인한 결과들이 가벼워지거나 그 기간이 짧아질 수 있다.

13. 열심히 일했는가?

젊은 목사가 노년의 목사에게 찾아와 자신과 교회가 겪는 재정적 어려움에 대해 조언을 구했다. 노년의 목사는 일주일을 보통 어떻게 보내느냐고 물었다. "먼저 주일에 전할 말씀을 준비하는 데 몇 시간을 쓰고요, 심방을 몇 가정 다닙니다. 우리는 교인 수가 얼마 안 됩니다. 어른 대여섯 명뿐이거든요. 나머지 시간은 대개 골프를 치고 다른 일들을 하며 보냅니다."

그러나 노년의 목사가 말했다. "그 정도면 사실 자네는 월급을 잘 받는 셈이네. 하나님은 당신이 일한 만큼 주시거든!"

이것은 바삐 일하라는 뜻이다. 주님을 위해 일한다는 것은 정말 열심히 일한다는 의미다. 보이지 않는 도움의 손길을 받으며 산다는 것만큼 책임이 뒤따르는 것도 없으니 누구보다도 열심히 일해야 한다는 뜻이다.

성경은 게으름과 폭식, 과음과 관련된 죄들에 대해 단호하게 말하고 있다. 기억해 두어야 할 구절들을 몇 가지 소개한다.

- 자기의 토지를 경작하는 자는 먹을 것이 많으려니와 방탕을 따르는 자는 궁핍함이 많으리라(잠 28:19).

- 술 취하고 음식을 탐하는 자는 가난하여질 것이요 잠 자기를 즐겨 하는 자는 해어진 옷을 입을 것임이니라(잠 23:21).
- 일하기 싫어하거든 먹지도 말게 하라(살후 3:10).

하나님은 모든 사람에게 생산에 대한 욕구를 주셨다. 물론 일할 수 없는 사람들도 있다. 우리는 그들에게 긍휼의 마음으로 도움을 베풀어야 하지만 절대로 무책임을 부추겨서는 안 된다. 대부분의 사람들은 주께로부터 할 일을 받았다.

14. 하나님의 영광을 빼앗았는가?

여호와여 위대하심과 권능과 영광과 승리와 위엄이 다 주께 속하였사오니 천지에 있는 것이 다 주의 것이로소이다 여호와여 주권도 주께 속하였사오니 주는 높으사 만물의 머리이심이니이다 부와 귀가 주께로 말미암고 또 주는 만물의 주재가 되사 손에 권세와 능력이 있사오니 모든 사람을 크게 하심과 강하게 하심이 주의 손에 있나이다(대상 29:11-12).

삶의 구석구석에는 위험이 끊임없이 도사리고 있으며 이것은 하나님의 일을 하는 경우도 마찬가지다. 우리는 예수님께 향하는 관심을 미묘하게 돌려서 리더인 자신에게로 향하게 할 수 있다. 재정 문제는 뭔가 잘못되어 있음을 알리시기 위해 주님이 쓰시는 방법 중 하나다.

15. 자만했는가?

한 독실한 신자가 홍수를 만났지만 피하지 않았다. 하나님이 자기를 구하신다는 것을 증명할 작정이었다. 물이 점점 더 높이 일어 더 이상은 어쩔 수 없는 상황이 되자 그는 지붕으로 올라가 기적을 일으켜 달라고 기도하였다. 구조대가 구조선을 가지고 세 번이나 왔지만 그는 그들을 쫓아버렸다. 결국 그는 물에 휩쓸려 죽고 말았다. 그가 천국 문에 섰을 때, 그는 화가 단단히 나 있었다.

"주님, 어째서 내 믿음을 받지 않으십니까?" 그가 물었다. 그러자 주님이 대답하셨다. "배를 세 번이나 보냈는데 네가 타지 않았잖니."

사람들은 공급해 달라고 자주 기도하면서도 막상 하나님이 자신이 부탁한 것을 보내시면 그분의 도움을 거절한다. 하나님이 채우시는 방법을 제한했기 때문이 아닐까? 당신은 자신을 낮추어 다른 사람들에게 도움을 요청하는 것은 결코 하지 않을지도 모른다. 이것은 더 큰 믿음을 갖고 싶다고 말하지만 실제로는 "다른 사람을 의지하고 싶지 않아. 자립할 수 있는 사람이 되고 싶어."라고 말하는 것이다.

독립심은 높이 살만하다. 그러나 지나치게 강하면 죄가 될 수도 있다. 사탄은 하나님처럼 될 거라고 독립심에 호소하면서 하와를 꾀었다.

하나님은 우리가 하나님과 지체들을 서로 의지하고 살아가기를 바라시지, 독립적으로 사는 것을 원치 않으신다. 우리가 계속해서 자존심을 내세운다면 하나님은 우리의 관심을 이끌어 내시고자 재정적인 공급을 중단하실 수 있다.

16. 하나님보다 사람을 더 의지했는가?

성경에서는 이를 가리켜 '육신의 팔'을 믿는 것이라고 한다(대하 32:8, 렘 17:5). 초점이 하나님에게서 사람으로 옮겨가는 것은 수년에 걸쳐 조금씩 일어날 수도 있다. 처음에는 믿음이 적어서 하나님의 일을 도울 돈이 어디서 들어오게 될지 전혀 알지 못한다. 신실하신 주님은 다른 이로 하여금 우리를 돕게 하신다. 그러나 이것이 반복되면 처음에는 하나님을 의지했지만 점점 헌금을 내는 사람들을 의지하게 될 수 있다. 자신도 모르는 사이에 사람들을 조종하면서 은근히 도움을 요청하거나 노골적으로 구걸하기도 한다.

믿을 만한 후원자가 일자리를 잃거나 더 이상 헌금을 보낼 수가 없다는 편지를 쓰기 전과 같이 후원자에게 어떤 일이 일어나기 전까지는 하나님이 아닌 사람을 신뢰하고 있었다는 사실을 모를 수도 있다. 어떤 교회는 이사 등의 이유로 헌금을 많이 내던 교인들을 계속해서 잃는다. 이런 일이 일어날 때에야 비로소 우리가 사람을 믿어왔다는 사실을 깨닫는다. 사실, 하나님을 믿는다는 것은 꽤 무모하게 들린다. 그래서 믿음으로 사는 것이 굉장한 것이다. 우리는 절대로 주님을 떠나 멀리 갈 수 없다. 주님은 재정적인 어려움을 허락하셔서 우리가 다시금 하나님을 의지하게 하신다.

17. 앞날을 두려워하는가?

많은 사람들이 미래에 대한 불안감 때문에 믿음의 발걸음을 떼지 못한다. 그들은 하나님의 부르심을 거절하고 불순종의 길에 머문다.

앞날을 두려워하는 것은 정말 끔찍하다. 두려움은 자라기 때문이다. 보험과 저축을 많이 들었다고 하더라도 투자를 과연 잘한 것인지 어떻게 알겠는가? 이러한 불안은 점점 커져 마침내 사람을 얽매어 무기력하게 만든다.

완전한 사랑은 두려움을 몰아낸다(요일 4:16). 예수님을 바라보면 두려움에서 완전히 벗어나게 된다. 우리는 예수님께 장래를 맡길 수 있다. 결국에는 모든 것이 다 불안하다. 저축해 놓은 돈을 의지하는가? 정부가 뒷받침하고 있는 금융 제도가 무너지면 어떻게 할 건가? 세계 경제가 침체에 빠지면 어쩌겠는가?

이것은 억지가 아니다. 최근 몇 년 동안 우리는 경제적인 등락이 빠르게 전개되는 것을 보았다. 전산화된 재빠른 전자통신 체제에도 그 원인이 있다. 전자통신 체제는 모든 대륙 간의 재계와 상업 중심지를 연결한다.

재정 면에서 볼 때 '주식의 일시적 하락'은 몇 분 만에 전 세계의 재계를 공황으로 몰고 갈 수 있다. 세상 제도에 믿음을 두면 당신은 그것들에 크게 실망할 것이다. 그렇지만 예수님은 자신이 창조한 세상보다 크시다. "그의 능력의 말씀으로"(히 1:3) 매순간 붙들고 계시는, 우주보다 크신 분이다.

앞날에 대한 두려움에 얽매어 있는 것이 재정적인 어려움을 겪는 원인이 될 수 있다. 하나님의 말씀을 들어보라. "내일 일을 위하여 염려하지 말라… 한 날의 괴로움은 그날로 족하니라"(마 6:34). 앞날에 대비한 저축이나 투자가 나쁘다는 말이 아니다. 요셉은 애굽의 앞날에 대비해 국고의 20%를 비축하라는 말씀을 받았다. 주님의 음성을 듣고 그분의 이끄심 대로 따르라. 비상금으로 오믈렛을 만들어 먹고 하루를 즐기라고 하시든지, 다른 사람에게 주라고 하시든지 그분의 말씀을 따르라!

15 어려움에 처할 때

벼랑 끝에 서는 용기 • Daring to live on the edge

어려움에
처할 때

믿음으로 살고 있다면 하나님을 아는 것이 삶의 가장 중요한 목적이 될 것이다. 누군가를 믿는다는 것은 그 사람의 인격을 알기 때문에 그가 자신이 하겠다고 한 일을 할 것임을 아는 것이다. 당신이 섬기는 하나님은 대체 어떤 분인가? 당신이 날마다 필요한 것을 의뢰하는 그분은 누구신가?

하나님을 가장 잘 설명하는 말은 아버지다. 그분은 당신의 아버지, 좋은 아버지, 세상에서 가장 훌륭한 아버지시다.

좋은 아버지는 자녀들에게 필요한 것을 공급한다. 또한 자녀들이 묻는 것에 대답한다. 그러므로 일이 잘 되지 않을 때, 돈이 생기지 않을 때 하늘 아버지께 나아가 왜 그런 문제가 생겼는지 물어보라.

앞장에서 우리는 재정적인 어려움이 생기는 열일곱 가지 이유를 살펴보았다. 재정적인 어려움이 있다면 그 중 하나 때문일 수도 있고,

그 외의 다른 이유 때문일 수도 있다. 그러므로 먼저 하나님께 말씀해 달라고 구해야 한다. 성경은 "네가 얻은 모든 것을 가지고 명철을 얻을지니라"(잠언 4:7)고 말씀하지만 이 말씀대로 행하지 않는 사람들이 너무 많다. 사람들은 무엇을 할지 하나님의 이끄심을 구하지만, 일이 잘 되지 않으면 왜 그런지 따져보지도 않고 절뚝거린다. 물어볼 필요를 느끼면 하나님을 의지하며 나아가지만 그것도 오래가지 않는다. 질문의 답을 얻지 못하여 믿음을 빼앗기기 때문이다.

믿음으로 살면 일이 뜻대로 되지 않을 때 그 이유에 대해서 알아야 한다. 믿음이 자라기 위해서는 하나님께 물어야 한다. 하나님은 우리가 실패에 대해서 물을 때에도 놀라지 않으시며 우리가 깨닫지 못해도 놀라지 않으신다. 그분은 우리 자신보다 우리를 더 잘 아신다. 하나님은 솔직한 질문에 대답하신다. 묻는다고 화를 내시는 분이 아니다. 하나님께 묻는 것은 죄가 아니다.

욥은 두려움 없이 하나님께 여러 가지 질문을 드렸다. 욥은 커다란 재정의 어려움을 겪었고 식구들을 모두 잃는 아픔을 맛보았으며, 몹쓸 병까지 얻었다. 그런데도 성경은 욥이 결코 입술로 죄짓지 않았다고 말씀한다.

앞장에 기술한 열일곱 가지 사항들을 전부 점검해 본 후에도 재정적인 어려움을 겪는 이유를 알지 못하겠다면 사탄의 공격인지 하나님께 물으라. 당신의 책임이 아니라 사탄의 공격이라면 주님이 믿는 자들에게 주신 권한으로 대적할 수 있다.

야고보서 4장 7절의 말씀대로 마귀에게 물러가라고 명령하라. 그리고 반대 정신으로 사탄과 맞서 싸울 방법을 가르쳐 달라고 하나님께 구하라. 사탄이 탐욕으로 공격하면 하나님께 누구에게 무엇을 줄지 물으라. 사탄이 두려움을 사용하면 믿음과 사랑으로 굳게 서라. 거절하라고 공격하면 다른 사람들을 용서하고 받아들이라.

재정적인 어려움을 맞게 된 데에는 또 다른 이유가 있을 수 있다. 모든 일을 잘했고, 실제로 하나님의 말씀대로 정확히 따랐는데도 돈이 생기지 않을 수 있다. 그렇다면 어려울 때에도 변함없이 하나님을 신뢰하는지 보시려고 하나님이 시험하고 계신 것일 수도 있다(신 8:2).

시험을 치르는 데는 언제나 시간이 걸리기 마련이다. 재정적인 공급이 늦는 것처럼 보일지 모르지만, 하나님은 다른 시간표를 갖고 계실지도 모른다. 믿음의 시련이 인내를 만들어 내는 줄을 알고 하나님을 섬기라(약 1:3). 포기하지 않고 하나님을 향한 믿음과 신뢰로 이기어 나가겠다고 결심하라.

하나님의 공급하심을 기다리는 동안 하나님이 지난날에 당신에게 보이신 신실하심을 떠올려 보라. 일기나 일지를 꾸준히 써야 하는 가장 큰 이유가 바로 여기에 있다. 일기장을 펴고 하나님이 당신을 위해서 직접 간섭하셨던 때의 기록을 모두 읽으라. 일기를 쓰지 않았다면 친구나 배우자에게 하나님이 과거에 베푸신 일들을 생각할 수 있게 도와달라고 청하라. 생각해 보라. 정말 어려웠을 그때에, 청구서를 지불해야 했을 그때에, 뜻밖의 돈이 꼭 알맞은 때에 들어오지 않았던 가? 기억해 보라. 어린 딸이 수술을 받아야 했지만 보험도 들지 않았던 그때, 이웃 사람들이 돈을 모으기로 하지 않았던가?

구약시대 사람들도 이렇게 하였다. 전쟁이나 어려움을 맞았을 때 리더는 사람들에게 하나님이 베푸셨던 일을 되새겨 준다. 성경은 그 일에 많은 지면을 할애한다. 하나님이 왜 그 일을 여러 번 반복하시는지 의아해한 적이 있는가? 왜 우리는 출애굽기 14장에서 말하는 것과 똑같은 내용을 느헤미야 9장에서도 읽어야 하는가? 하나님은 우리가 그분께서 우리를 위해 간섭해 주시길 기다리는 동안 전투에 맞서 승리하고 우리의 믿음이 성장하는 방법을 가르쳐 주고 계신 것이다.

어려웠을 때에 하나님이 도우셨던 것에 감사하라. 사람들은 공급하심이 멈출 때에야 비로소 하나님이 하루하루를 돌보신다는 것을 깨닫는다.

하나님의 공급하심을 기다리는 동안 자신의 어려움을 다른 사람의 탓으로 돌리지 마라. 다른 사람을 탓하는 사람은 결코 실제적인 응답을 얻지 못한다.

또한 다른 사람이 가진 것과 비교하는 올무에 빠지지 않도록 주의하라. YWAM 리더 중 하나가 자기 가족이 실제로 재정적인 시험을 당했던 때를 이야기해 주었다. 그들이 YWAM에서 훈련을 받고 있었을 때 함께 훈련을 받던 사람들은 재정적으로 넉넉해서 수업료 납부는 물론이요, 외식까지 했다. 또한 자신들은 대접할 수 없는 식사를 즐겨 대접했다.

그는 하나님께 소리쳤다. "왜입니까, 주님? 왜 저들은 돈이 저렇게 많은데 우리는 치약 하나 살만한 돈도 없습니까?"

하나님은 아주 부드러운 목소리로 말씀하셨다. '소금으로도 이를 닦을 수 있잖니.'

자신의 처지를 다른 사람과 비교하는 습관에 빠지면 하나님이 특별한 때에 당신의 삶 속에서 이루시려는 일을 놓칠 수 있다. 그 친구는 하나님이 자신에게 정말로 필요한 것을 채우고 계심을 깨달았다. 하나님을 의지하는 새로운 방법을 배우는 특별한 시기를 겪고 있었던 것이다. 그는 지금 사역에 있어서 또 다른 단계에 있다. 또, YWAM에서 가장 책임 있게 일하는 리더 중 하나로 손꼽히고 있다. 그와 그의 가족들은 세계 곳곳을 두루 다니며 공급하시는 하나님의 넉넉한 손길을 깨달았다.

우리가 다른 사람들과 비교할 때 놓치는 것은 그들이 그 순간에 하나님과 어떤 단계에 있는지, 또 우리는 어떤 단계에 있는지 알지 못한다는 것이다. 자신이 시험 중에 있다고 해서 다른 사람들도 자신과 동일한 순간에 동일한 시험을 받는다고 생각해서는 안 된다. 모든 사람이 똑같다면 시험이란 없다. 다른 사람들은 차를 몰고 다니는데, 자신은 자전거를 타거나 걸어 다닐 때 시험이 있는 것이다.

재정적인 어려움을 겪을 때에는 다른 때나 다른 방법으로는 경험하지 못하는 복을 많이 경험한다. 강해지는 법도 배울 수 있고 그 이전에는 결코 알 수 없었지만 가난한 사람들과 자신을 동등하게 여길 줄도 알게 된다.

장쟈크 루소는 프랑스 혁명 직전에 '위대한 왕비'에 대해 말했다. 혁명 당시, 왕비는 수많은 사람들이 파리 시에서 폭동을 일으키고 있다는 얘기를 듣고 그 까닭을 물었다.

"사람들이 빵이 없어서 폭동을 일으켰습니다."

이 말을 들은 왕비가 다시 물었다.

"그렇다면 케이크를 먹으면 되지 않느냐!"

이 왕비처럼 많은 사람들이 가난한 사람들과 상관없이 살고 있기 때문에 가난한 사람들의 처지를 이해하지 못한다. 왕비는 가난한 이들에게 케이크는 물론, 먹을 것이 하나도 없다는 것을 전혀 몰랐던 것이다.

세상에서 정말 가난하게 사는 사람들, 매일 비참하게 살아가는 수백만의 사람들에 대한 우리의 마음과 관심을 새롭게 하기 위해서 하나님이 잠시 동안 어려운 때를 주신 것일 수도 있다.

어려운 때에 얻게 되는 또 다른 복은 정말로 필요한 것과 필요하다고 생각하는 것과의 차이를 깨닫는 것이다. 치약이 없다고 불평하다가 소금을 사용할 수도 있다는 것을 배우게 된 내 친구와 같은 경우다. 적게 가질수록 필요한 모든 것을 채우시는 하나님께 감사하는 법을 배울 수 있다.

또, 돈이 없을 때에는 성경의 진리를 깨닫게 된다. 누가복음 12장 15절에는 사람의 생명이 그 소유의 넉넉한 데 있지 않다고 기록되어 있다. 하나님이 기뻐하시는 일이 더욱 중요하며 그것은 돈에 달려있지 않음을 배운다. 하박국은 수 세기 전에 이러한 교훈을 깨달았다.

> 비록 무화과나무가 무성하지 못하며 포도나무에 열매가 없으며 감람나무에 소출이 없으며 밭에 먹을 것이 없으며 우리에 양이 없으며 외양간에 소가 없을지라도 나는 여호와로 말미암아 즐거워하며 나의 구원의 하나님으로 말미암아 기뻐하리로다(합 3:17-18).

또한 돈이 없을 때는 하나님이 다양한 방법으로 공급하신다는 것에 대한 흥분된 기대감을 가지게 된다.

셜리 알만은 고난의 때에 하나님이 얼마나 좋으신 분인지를 실감할 수 있는 이야기를 들려주었다. 셜리는 남편 웨지와 함께 남아메리카에 살고 있고, 웨지는 스페인 언어권에 있는 YWAM 국제 선교 본부장이다. 셜리가 해준 이야기는 수년 전에 일어났었는데, 당시에 두 사람은 막 성경학교를 수료하고 뉴멕시코 앨라모고도에 스페인 교회를 개척하고 있었다.

어느 날 셜리는 하나님께 호소했다. "찬장 구석구석을 뒤져봐도 아무것도 남은 것이 없어요. 양념 몇 가지 말고는 거의 텅텅 비었어요. 그것도 요리하는 데는 턱없이 부족해요!" 그 동안 아슬아슬하게 살아왔는데 마침내 먹을 것이 다 떨어지고 만 것이다. 아이들은 학교에 갔고 웨지는 교회를 짓고 있었다. 웨지는 일을 하다가 배가 고프면 돌아올 것이다. 저녁에 다시 교회 터를 파러 가기 전에 무언가를 먹게 해야 하는데…. 남편과 네 아이들에게 무엇을 먹게 한단 말인가?

순간 한 가지 생각이 떠올랐다. 가난한 동네에 교회를 세우느라 힘을 다하고 있으니 하나님이 우리의 고용주인 셈이잖아. 음식에 필요한 것을 적어 하나님께 달라고 하면 어떨까?

셜리는 먹을 것을 적었다. 긴 목록이었다. 그녀는 그날 저녁식사로 가족들이 좋아하는 멕시코 요리를 생각했고 거기에 필요한 모든 재료들을 적었다.

그날 오후, 셜리는 교회 부녀 모임에 갔다. 셜리는 모임을 마치고 대여섯 사람을 차로 집까지 데려다 주었는데 한 여자가 셜리에게 잠깐 집 안으로 들어가자고 했다.

그 집의 부엌으로 들어갔을 때, 셜리는 가슴이 가볍게 뛰었다. 조리대 위에 배가 불룩한 봉투가 몇 개 있었다. 셜리에게 줄 것이었다!

얼핏 봐도 밀가루를 제외한 목록에 있는 모든 것이 그 안에 있음을 확인할 수 있었다.

셜리는 터질듯한 기쁨으로 다른 사람들을 데려다 주러 차로 돌아왔다. 말을 하지 않는 것이 너무 힘들었지만 그렇게 해야 한다는 것을 알고 있었다. 교회 식구들이 자신이 얼마나 비참하게 살아왔는지 알기를 바라지 않았다. 셜리는 차를 몰고 가면서 마음속으로 물었다. '그렇지만 밀가루는 어떻게 하죠? 밀가루가 없으면 토르티야(납작하게 구운 옥수수빵으로 멕시코인의 주식)를 만들 수가 없어요!'

마지막 집에 도착했을 때 차에서 내리면서 그 집 여자가 말했다. '알만 세뇨라(부인), 엄마가 밀가루 10파운드를 드리라고 했는데, 지금 가져가시겠어요?"

"예, 지금 가져갔으면 좋겠어요!" 셜리가 대답했다.

차에 혼자 남게 되자 셜리는 목소리를 한껏 높여 하나님을 찬양했다. 그때 갑자기 떠오르는 생각이 있었다.

"그렇지 콩! 주님, 콩을 잊어버리고 항목에 적지 않았어요!" 셜리는 봉지 안에 든 내용물을 생각해 내려고 애썼지만 그 속에 콩이 있을 리 없다고 생각했다.

집에 돌아온 셜리는 조심스럽게 재료들을 정리하기 시작했다. 봉투 맨 밑바닥에 얼룩덜룩한 강낭콩이 들어 있었다. 셜리는 잊었을지라도 하나님은 잊지 않으셨던 것이다!

하나님께 이런 식으로 공급받는 것은 무척 개인적인 일이다. 이러한 공급은 하나님이 필요한 것을 사라고 돈을 주실 때보다 더 큰 뜻을 지닌다. 하나님은 당신 가족이 멕시코 음식을 좋아하는지 싫어하는지를 아시며, 콩을 넣는 것도 잊지 않으신다.

하나님이 공급하시는 방법에는 끝이 없다. 하나님은 40년 동안 이스라엘 자손들에게 신발과 옷을 지어 주셨다. 하나님이 우리를 위해서 그런 일을 하셨다고 상상해 보라. 우리는 40년 동안 나팔바지와 레저용 의복을 공급받을 수 있었을 것이다!

재정적으로 어려움을 당하면 다시금 하나님을 의지하게 된다. 하나님은 우리가 오래 전에 베푸신 일이 아니라 현재 새롭게 베푸시는 일을 통해 은혜를 맛보기 원하신다.

마지막으로 하나님의 재정적인 공급을 기다리는 동안 시편 37편을 묵상하라. 그 내용은 특별히 돈이 필요한 사람들을 위해 쓴 것 같다. 시편 37편에는 "불평하지 말라"는 말이 세 번 나온다. 또한 여호와께 맡기고 그분을 의지하며 참고 기다리라고 이야기한다. 다른 이들을 부러워하지 말 것과 악인들의 부귀영화는 일시적인 것임을 되새겨 준다.

하나님은 땅에 머물면서 믿음을 굳게 하고 여호와를 기뻐하고 자기 길을 여호와께 맡기며, 마음으로 여호와의 법을 지키면서 선한 일을 하는 사람에게 다음의 것들을 약속하신다.

주께서 네 마음의 소원을 이루시리라.

주님이 지금 네 인생에 필요한 일을 해 주시리라.

주께서 네 의를 나타내시리라.

주께서 네 공의를 정오의 빛같이 하시리라.

땅을 차지하리라.

풍부한 화평으로 즐기리라.

주께서 너를 위해 악인을 심판하시리라.

주께서 너를 붙드시리라.

네 기업이 영원하리라.

환난 때에 부끄럽지 아니할 것이라.

기근의 날에도 풍족하리라.

너희가 은혜를 베풀고 주리라.

어려운 사람들을 도울 것이라.

너의 길을 주께서 정하시리라.

네가 넘어져도 엎드러지지 아니할 것이니

여호와께서 손으로 붙드실 것이라.

늙어서도 넉넉하리라.

자손이 도움을 받고 다른 사람들에게 은혜를 베풀리라.

주께서 영원히 보호하시리라.

너희가 지혜를 말하고 공의를 이루리라.

(하나님께 배운 것을 다른 이에게 전하며 그들을 도울 것이라.)

위험과 저주에서 지키시리라.

주께서 너를 높이시리라.

악인이 망하는 것을 보리라.

너를 건지시리니 주는 너희 힘이요, 구원이요, 도움이시라.

너무 많은가? 그렇지만 위에 나온 것들은 하나님의 공급하심을 기다릴 때 하나님이 당신에게 주시는 구체적인 약속들이다.

믿음으로 사는 삶이 수고를 들일 만큼 가치 있는가? 한 번이라도 그러한 삶을 맛보았다면 결코 이전의 평범한 삶으로 돌아갈 수 없다. 믿음의 삶을 산다는 것은 팽팽한 밧줄 위를 걷는 것과 같다. 그것은 정말 숨 막히는 전율이다.

블론딘Jean-Francois Gravlet이라는 곡예사는 1800년대에 안전그물 없이 나이아가라 폭포를 건너 유명해졌다.

그날도 블론딘의 위험한 시도를 지켜보기 위해서 폭포 아래에 많은 사람들이 모였다. 블론딘은 무거운 시멘트 주머니를 실은 외바퀴 손수레를 밀며 밧줄을 탈 계획이었다. 무게를 더했기 때문에 조금만 헛디뎌도 손수레가 쓰러지고 몸이 흔들거려 160피트 아래의 사나운 물속으로 곤두박질해 목숨을 잃고 말 것이었다.

수많은 사람들이 숨을 죽인 채 블론딘이 자욱한 물안개 사이로

외바퀴 수레를 밀고 한발 한발 건너가는 것을 지켜보았다. 블론딘은 울부짖는 것과 같은 물소리에도 아랑곳하지 않았다.

그가 성공적으로 강을 건너가자 모인 사람들 모두가 일제히 안도의 숨을 내쉬며 기뻐했다. 밧줄타기를 끝내고 블론딘이 옆에 있는 기자에게 물었다. "내가 밧줄 위에서 뭐든 할 수 있다고 믿으십니까?"

"그래요, 블론딘 씨. 오늘 하신 것을 보니 그렇다고 믿어요. 당신은 무슨 일이든 할 수 있어요." 기자가 대답했다.

"시멘트 주머니 대신에 한 번도 밧줄을 타 보지 않은 사람을 태우고 수레를 건너편까지 밀고 갈 수 있을 것 같습니까?" 블론딘이 또다시 물었다.

"그럼요, 그럴 거라고 믿습니다." 기자가 말했다.

"좋습니다. 그럼, 타시지요." 블론딘이 말했다.

그러자 그 기자는 얼굴이 하얗게 질려서 재빨리 사람들 사이로 사라졌다. 무엇을 믿는다는 것과 누군가에 대한 믿음을 가진다는 것은 매우 다르다.

한편, 그날 블론딘에 대해 믿음을 가진 사람이 하나 있었다. 그 용감한 지원자는 손수레를 타고 뛰어난 곡예사와 함께 폭포를 건너기로 했다.

블론딘이 수레를 기울여 시멘트 주머니를 꺼내고 그 사람을 태우자 폭포 양쪽에 서 있는 사람들이 내기를 걸었다. 블론딘이 맞은편에 도착하자 사람들이 환호성을 질렀다. 돌아오는 길에 블론딘은 수레를 뒤에서 밀면서 건넜다.

그것은 마치 '무모한 대회'처럼 보였다. 1600피트 길이의 밧줄을 타고 반쯤 나아갔을 때, 내기에 큰돈을 걸었던 한 남자가 몰래 버팀줄 하나를 끊어 버렸다.

갑자기 밧줄이 요란하게 흔들렸고 급작스런 움직임으로 긴장감이 더했다. 균형을 유지하려고 애를 쓰면서 블론딘은 죽음이 코앞에 다가와 있음을 느꼈다. 수레바퀴가 밧줄에서 벗어나면 두 사람 다 파도치는 물 위로 곤두박질치게 될 것이다.

블론딘은 수레에 탄 채 두려움에 떨고 있는 사람에게 명령했다. "일어서시오! 일어서서 내 어깨를 잡으시오!"

떨고 있던 남자는 옴짝달싹도 못하고 앉아 있었다.

"아무 생각도 하지 말고 일어서요! 수레를 던져요! 내 말대로 하지 않으면 죽습니다!"

그 남자는 일어나서 흔들리는 수레 바깥으로 나오려고 무진 애를 쓰고 있었다.

"두 팔로 내 목을 끌어안으시오! 자, 다리를 내 허리에 두르시오!" 블론딘은 계속해서 주문했다.

이번에도 그는 곡예사의 말을 따랐다. 빈 수레는 떨어져서 요란한 거품이 이는 물속으로 사라졌다. 곡예사는 오랜 경험으로 단련된 근육을 사용해 흔들림이 조금 가라앉을 때까지 밧줄 위에 서 있었다. 그러고 나서 수레에 탔던 남자를 어린아이 안듯이 안고 조금씩 조금씩 앞으로 나아갔다. 마침내 블론딘은 안고 있던 남자를 반대편에 내려놓았다.

이것이 바로 믿음으로 사는 삶이다. 당신은 당신을 안고 가는 분에 대한 진정한 확신이 있어야 한다. 하나님을 믿는다고 말하기는 쉽다. 그렇다면 하나님이 당신을 안고 포효하는 물 위에 높이 걸린 밧줄 위로 지나가시도록 자신을 하나님께 맡기는가? 알다시피 당신도 그러한 경험을 할 수 있다. 하나님을 신뢰함으로써 그분이 당신의 필요를 채우시는 스릴을 맛볼 수 있다.

믿음으로 산다는 것은 바로 이런 것이다. 하나님을 믿는 것이 믿음이다. 믿음에는 다른 어떤 체계나 의식이 필요한 것이 아니다. 믿음은 살아 계신 분을 믿는 것이며, 그분이 당신에게 맡기신 일을 당신이 해낼 수 있도록 도우신다고 믿는 것이다.

하나님은 당신에게 주실 커다란 도전을 계획해 두셨다. 하나님은 역사상 가장 흥분되는 경주에 당신이 중요한 역할을 하기 바라신다. 바로 모든 민족에게 복음을 전하는 경주다. 하나님은 하나님을 위해, 당신을 둘러싸고 있는 세상을 위해 당신이 할 수 있는 최선을 다하기를 바라신다.

도전을 받아들이라.

하나님을 위해 당당히 나아가라.

하나님을 믿으라.

벼랑 끝에 서는 용기를 가지라.

부록 부를 창출하고 가난을 줄이는 법

돈 존슨(Don Johnson)

포장 끝에 서는 용기 • *Daring to live on the edge*

부를 창출하고
가난을
줄이는 법

동틀 무렵, 두 사람이 길모퉁이에 서 있다. 키가 큰 사람은 나무랄 데 없는 옷차림에 옆에는 가죽 서류가방을 끼고 있다. 다른 한 사람은 해진 옷을 입고 있는데 바지가 짧아 양말을 신지 않았음을 분명히 알 수 있다. 가엾게도 그 사람의 어깨는 축 처졌고 얼굴은 슬퍼 보였는데, 좌절과 절망의 주름살이 가득했다. 주름살만 없었어도 훨씬 젊어 보였을 텐데….

그는 자신감에 넘치는 키 큰 남자가 바쁜 걸음으로 서늘한 아침 공기에 떨고 있는 자신의 곁을 스쳐지나가자 우울해한다.

사람들은 이런 장면을 대수롭지 않게 여긴다. 여러 가지 일을 겪다보면 마음이 차가워지기 마련이지만 이것은 곰곰이 생각해 볼 문제다. 이런 대조적인 모습은 세계 곳곳에서, 선진국뿐 아니라 개발도상국에서도 분명히 볼 수 있다. 그것은 부자와 가난한 자의 사이에 존재하며 계층 간에 존재하는 뚜렷한 불평등의 모습이다.

사실을 직시하자. 사람마다 가정마다 자신의 소유, 경제적 성공, 교육, 명성의 혜택들을 다양하게 누리며 산다. 반면에 형편이 어려워 가난과 배고픔과 질병과 무지로 고생하는 사람들도 있다. 가난은 이 세상에 존재하는 슬픈 사실이며 지속적인 골칫거리다!

세계 곳곳에서는 가난의 원인이 무엇인지, 무엇이 성공으로 이끄는지에 대한 물음 때문에 정치 이론을 포함한 다양한 이론들이 새롭게 생겨났으며, 혁명 운동이 일어나기도 하였다.

부는 제한되어 있다고 생각하는 사람들이 많다. 그들은 부가 불평등하게 분배되어 왔으므로 부자와 가난한 자의 격차를 줄이려면 세상에 있는 부를 똑같이 재분배해야 한다고 생각한다. 악은 불공정한 외부 제도 때문에 생겨난다고 믿는 정치 운동가들도 있다. 그들은 사회, 정부 등의 외부 제도들 때문에 윤리적인 문제가 발생한다고 여긴다. 사람들이 사악해진 것은 스스로 만들어 낸 제도 때문이라는 것이다.

이러한 많은 이론들은 매우 논리적이지만 개중에는 그릇된 생각이 바탕에 깔려있는 것들도 있다. 누군가 한 사람이 부자면 반드시 다른 한 사람이 가난해져야 하는가? 선진국의 경제 체제는 착취와 술수 위에 세워진 것인가? 사악한 부자들은 세상의 부를 부당하게 모아들여서 가난한 사람들을 어렵게 만드는 것인가? 부자들 때문에 가난이 생기는 것인가?

부가 제한되어 있지 않다면 부는 창출될 수 있을 것이다. 그렇다면 가난한 사람들에게는 기쁜 소식일 텐데… 창출된 부가 생각하고, 발명하고, 다른 사람을 섬기는 데 무제한으로 사용될 수 있을까? 성공한 사람이 악한 사람이 아니라고 가정한다면 가능한 일일 것이다. 그렇지만 어떻게 부를 창출할 수 있을까?

부는 창출될 수 있다

자신에게 주어진 기회를 활용하려면 창조적인 생각과 인격과 정부 조직이 필요하다.

창조적인 생각

창조적인 생각은 부를 창출하는 중요한 요소다. 사람은 누구나 하나님의 형상을 따라 만들어졌으므로, 끝없는 생각의 우물인 창조력이라는 독특한 원천을 지니고 있다. 부는 창조적인 생각을 하느냐 아니냐에 따라 제한적일 수도 있고 무제한적일 수도 있다.

자연 자원이 부를 창출해 내는 것은 아니다. 석유는 내연기관을 만들어 내기까지 자원으로 생각지 않았다. 오늘날 그 쓰임새가 거대하게 확장된 컴퓨터를 제조하는 데 사용되는 복잡한 구성 물질 중에 마이크로 칩이라는 것이 있다. 이 칩은 단지 모래의 구성 성분인 실리콘으로 만든 것이다. 천연 자원이 부를 창출한다면 일본과 동아시아 주변 국가들은 계속 가난해야 한다. 천연 자원이 거의 없기 때문이다.

사람의 정신은 부를 만들어 내는 중요한 원천이다. 사람들은 어려움과 가난 앞에 수동적으로 반응해서는 안 된다. 번영은 아이디어와 창조력과 수백만의 작은 사업계 거장들의 활동에서 이룰 수 있다. 작은 사업을 구상해 내는 것이야말로 참된 재주다!

진정한 사업 구상은 다른 사람들도 부요하게 한다. 부를 창출하는 것은 이기적인 행동이 아니라, 다른 이들을 창조적으로 도울 수 있는 특별한 기회다.

인격

인격은 도덕적인 자질이다. 인격은 사람의 생각, 행동, 습관, 동기 등의 종합체이며 자신이 만든 생각과 행동 양식이다. 사람의 인격은 아이디어와 창조력에 영향을 끼친다. 순전한 생각과 순수한 동기는 성공적인 사업이라는 풍요로운 정원을 가꾸는 데 꼭 필요한 씨앗과 같다. 우리는 하나님의 피조물을 관리하는 훌륭한 청지기로 창조되었다. 그러므로 본래 있던 것을 다른 이들에게 더 큰 도움과 유익을 줄 수 있게 가꾸어야 한다.

  사람들은 부를 사용하는 데만 급급해서는 안 되며 부를 창출하기 위해 부지런히 일하고 지혜를 짜내야 한다. 위험을 감수하고 희생하며 열심히 일해야 한다. 악한 사람은 더 많은 재산을 모으려고 고용인에게 정당한 품삯을 주지 않는 등 탐욕의 죄를 짓지만, 덕이 있는 사람은 사회에 도움이 되는 부를 얻고 창출해 낸다. 가난한 사람들을 긍휼히 여기는 마음은 가난이 해결되기를 바라는 덕스러운 성품이다. 이러한 사람들은 가난한 이들의 경제적인 발전을 돕는 방법을 마련하려고 애쓴다.

정부

국가에 정부가 있는 목적은 국민을 보호하고 도움을 주기 위해서다. 공정한 정부는 국민들이 부를 창출할 수 있는 기회를 막거나 빼앗지 않는다. 사람을 위해 국가가 있는 것이지, 국가를 위해 사람이 있는 것이 아니다.

  하나님은 사회적 지위와 상관없이 사람들에게 재능을 주셨다. 생활이 나아지기를 간절히 바라는 가난한 이들에게도 잠재적인 재능을 주셨다. 사회는 가난한 사람들에게 숨은 재능을 발휘할 수 있는 기회를 마련해 주어야 한다. 정부는 가난하고 어려운 사람들이 자기들의 능력과 생각에 맞는 생산 활동을 할 수 있도록 모든 기회와 보호를 보장하는 데 온 힘을 쏟아야 한다. 가난한 사람들을 '제한된 부'라는 파이 한 조각을 얻으려는 사람들로 몰아가서는 안 된다. 사실, 가난한 이들이 성공할 때에 사회가 발전하는 것이다.

정부는 윤리적·경제적 발전을 지원하고 지지해야 한다. 세금을 지나치게 부과하면 창조력이 떨어지겠지만, 믿을 만하게 책정하면 경제 발전에 있어 제한된 정부의 역할이 제 기능을 발휘할 수 있을 것이다. 공정한 정부는 악한 사람들이 부당하게 돈을 버는 것과 다른 사람들의 창의력을 착취하는 것을 줄여 나가야 한다. 죄악이 번성해서는 안 된다.

국가는 개인의 소유권을 존중해야 한다. 현명한 정부라면 양심까지야 법으로 정할 수 없다 해도 타당한 법으로 부조리를 막을 수 있다는 사실을 알 것이다. 정부와 윤리와 경제 제도는 경쟁 관계가 아니라, 공의롭고도 돌봄이 있는 사회를 이루기 위해 손을 맞잡고 열심히 일해야 하는 관계다.

가난의 원인

가난이 비참한 이유 중 하나는 가난한 사람들이 부당하게 억눌림 당하기 때문이다. 가난이 생기는 것은 나쁜 습관과 품성 때문이기도 하고 악함, 술 취함, 경솔함, 부도덕함, 충동, 인색, 게으름 때문이기도 하다. 어떤 사람은 억울한 희생자다. 무책임한 아버지에게 버림받은 아내와 아이들도 있고, 탐욕스런 사람이 저지른 불법에 당한 사람들도 있다. 그러나 슬프게도 가난해진 데 대한 고의적인 책임은 대부분 자신에게 있다. 이것은 매우 가슴 아픈 사실이다.

가난한 많은 이들을 돕기 위해 도움의 손길을 내미는 것은 은혜와 긍휼의 행위다. 다른 사람의 잘못으로 가난해진 사람들도 정당하게 보호해 주어야 한다. 정부는 자비로 긍휼을 베푸는 사람들이나 보호해 주는 사람들 모두를 격려하고 그들에게 보답해 주어야 한다.

가난한 사람들을 자유롭게

부가 창출될 수 있다면 더 이상 제한된 것이 아니다. 이것은 가난한 사람들에게 희소식이다. 도와달라고 의지하면 하나님이 무한하신 풍성함으로 쓸 것을 채워주시겠다고 약속하셨기 때문이다. 하나님은 그들에게 창조적인 생각과 청지기로서의 성품을 주실 것이며 계획을 지혜롭게 발전시켜 나가도록 도우신다. 파괴적이고 보이지 않는 죄의 속박으로부터 가난한 사람들을 자유롭게 풀어주고 죄로부터 보호하는 것은 가난 문제를 해결하는 중요한 열쇠다. 가난한 이들에게 정말 필요한 것은 '파이 조각'을 얻는 것이 아니라 자신들의 필요를 채울 수 있는 부를 창출할 기회를 얻는 것이다.

정부는 사람들을 섬기는 이들로 구성되어야 한다. 사람이 국가보다 더 가치 있다. 정부는 독재를 막고, 가난한 사람들에게 창조적인 재능을 마음껏 발휘할 수 있는 기회를 주어야 하며, 그들이 가난에서 벗어날 수 있게 도와야 한다.

정부는 윤리와 정치 제도를 활용해 부자들로 하여금 가난한 사람들에게 베풀고, 훈련과 교육을 제공하며, 작은 일이라도 시작할 수 있도록 격려해야 한다. 또 가난한 이들이 가난에서 벗어난 후에 다른 사람들을 도울 수 있게 지도해야 한다.

부는 목적을 향한 수단이지 목적이 아니다. 부를 창출하는 것은 가난한 사람들을 독재와 뼈아픈 가난의 참상으로부터 벗어나도록 돕는 가장 효과적인 방법이다! 부를 창출하는 것이 수단이라면, 그 목적은 언제나 자유다!

돈(Done)은 개발도상국에 사역을 하고 있는 YWAM 선교사다. 부를 창출하고 가난을 줄이는 것은 결코 간단한 주제가 아니다. 다만, 제한된 지면 때문에 성공을 위해 생각을 바르게 실천하고, 자원을 이용하고, 훈련시키는 법 등을 함께 다루지 못하였음을 밝힌다.

주

5장

1. 1988년 7월 캘리포니아 알타에 있는 베티 홀과의 인터뷰에서 주로 뽑은 것. 그는 1,200여 명에 불과한 샤스타 인디언의 후예 중 한 사람이다.
2. *Winning, God's Way*, Loren Cunningham, YWAM Publishing, 1988, p.103.
3. *New American Standard Bible* ⓒ The Lockman Foundation 1960, 1962, 1963, 1968, 1971, 1972 Printed in the USA.

6장

1. 실제 이름
2. *Touched by fire : Eyewitness Accounts of the Early Twentieth Century Pentecostal Revival*, Wayne E. Warner, Logos International, 1978, pp. 25-27.
3. "Cause for Soul-searching", *The United Methodist Reporter*, Nov. 16, 1990.

7장

1. *The Christian Century*, Dec. 14, 1988, p. 1104-1141.
2. *The Christian Century*, Dec. 14.
3. *National Review, Mar.* 10, 1989, p.44.
4. 이 분류는 내 친구 로드 게르하트의 의견을 따른 것이다.

8장

1. 고린도전서 9장과 고린도후서 8장, 9장을 보라.
2. *Our Globe and How to Reach It*, David B. Barrett and Todd M. Johnson, 1990, New Hope, Birmingham, AL, p. 25

9장

1. 부록 "부를 창출하고 가난을 줄이는 법" 참조.

11장

1. 「하나님, 정말 당신이십니까?」(예수전도단 역간)에서 이 주제에 관해 썼다. Revell Publishers 선정 도서.

12

1. *Christian Family* 지(誌)의 정기 집필자인 에드리안 플라스 씀.

벼랑 끝에 서는 용기

지은이	로렌 커닝햄
옮긴이	문효미

1993년 7월 22일 1판 1쇄 펴냄
2013년 2월 14일 1판 105쇄 펴냄
2015년 11월 26일 개정판 1쇄 펴냄
2025년 4월 21일 개정판 9쇄 펴냄

펴낸곳	도서출판 예수전도단
출판 등록	1989년 2월 24일(제2-761호)
주소	서울특별시 관악구 신림로7나길 14
전화	02-6933-9981 · **팩스** 02-6933-9989
전자우편	ywam_publishing@ywam.co.kr
홈페이지	www.ywampubl.com

ISBN 978-89-5536-488-0

책값은 뒤표지에 있습니다.
잘못된 책은 바꾸어 드립니다.